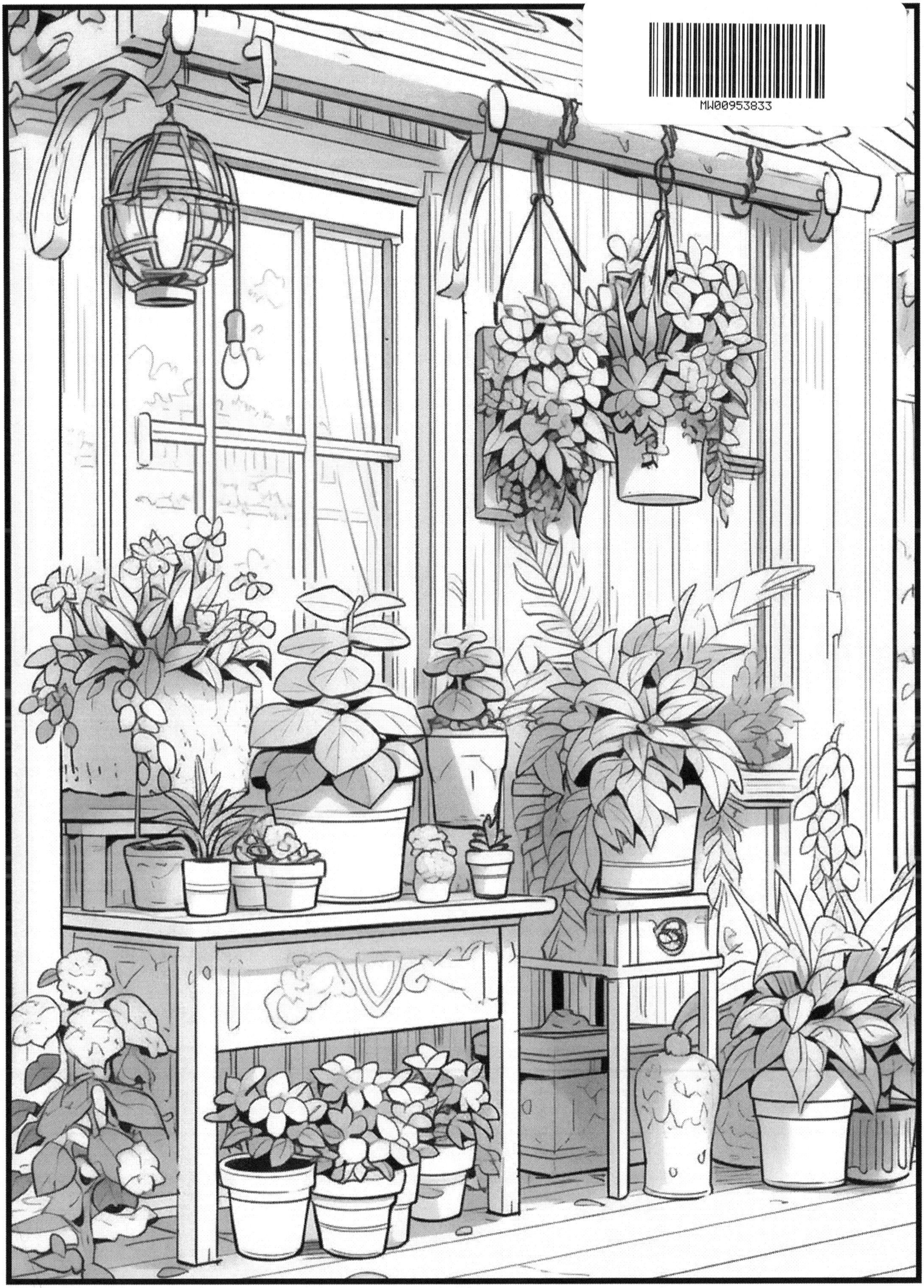

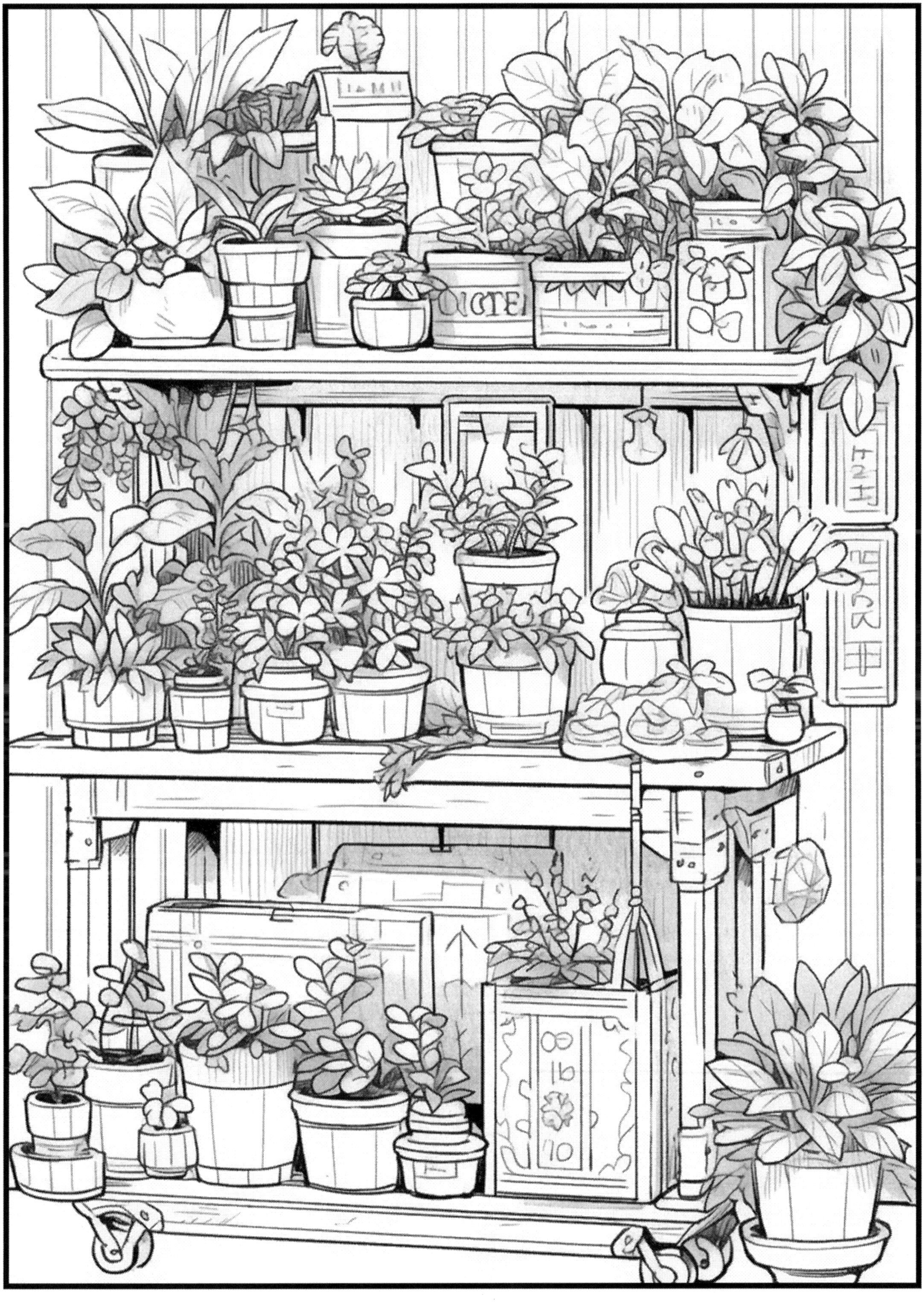

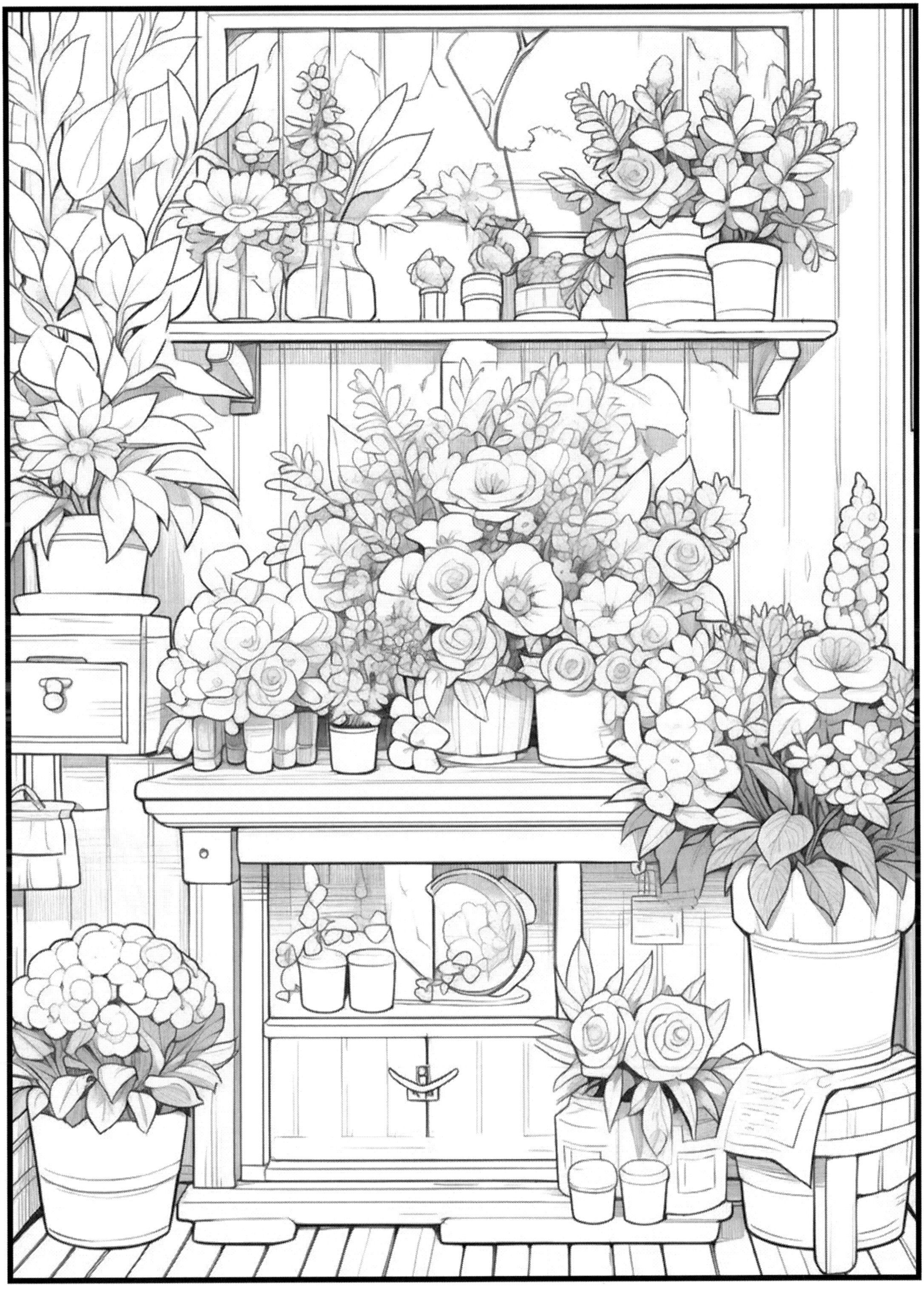

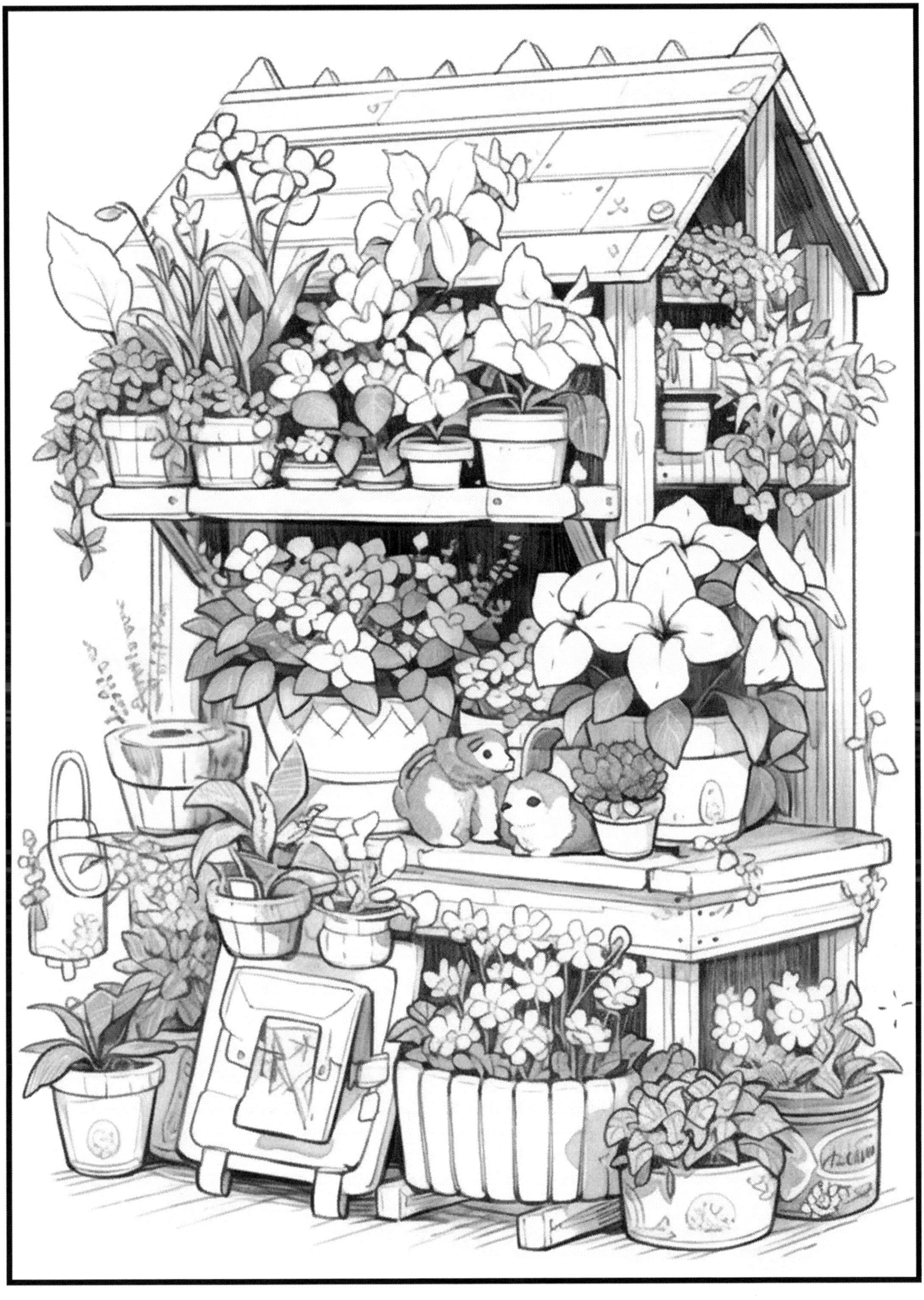

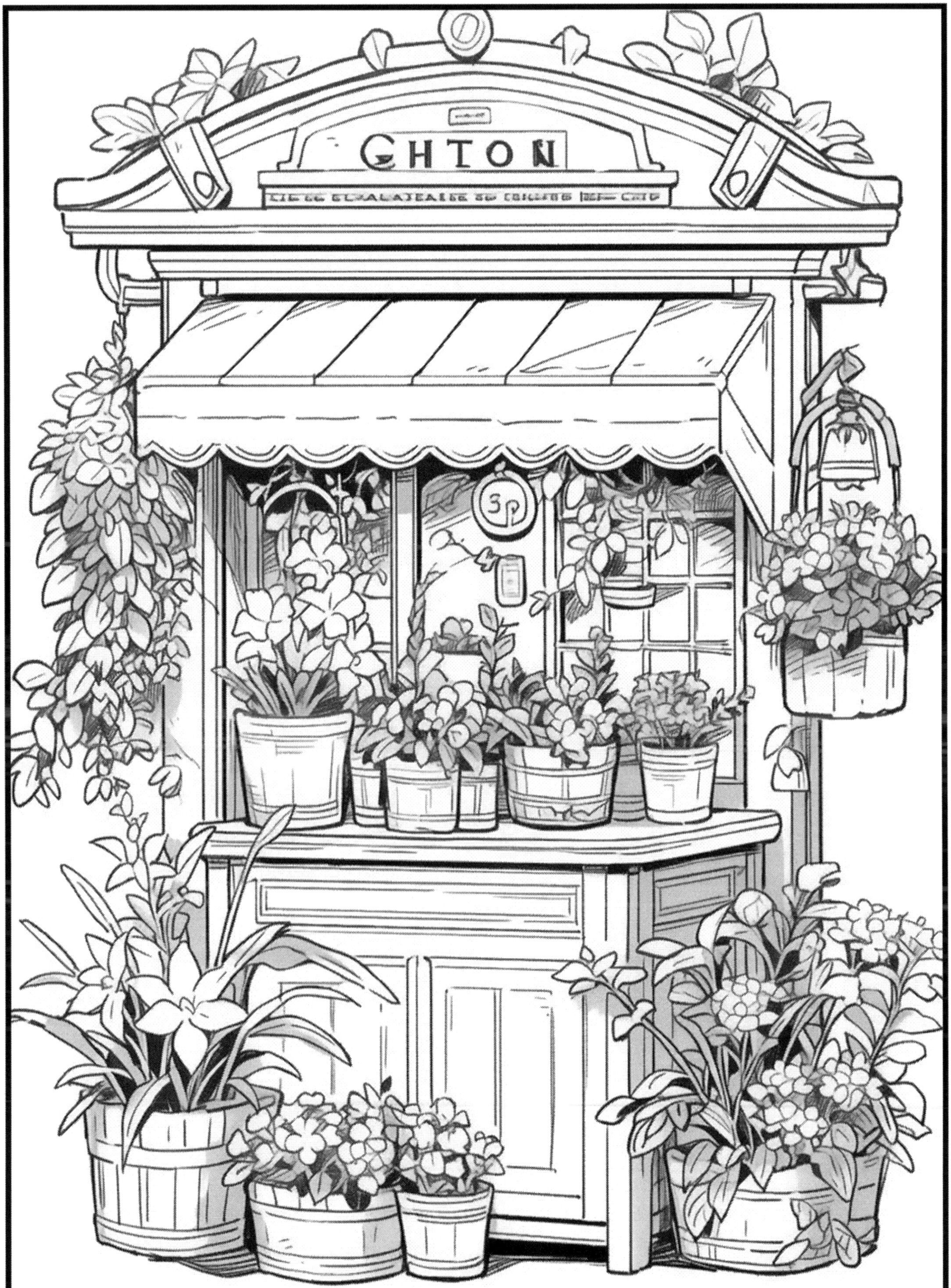
GHTON

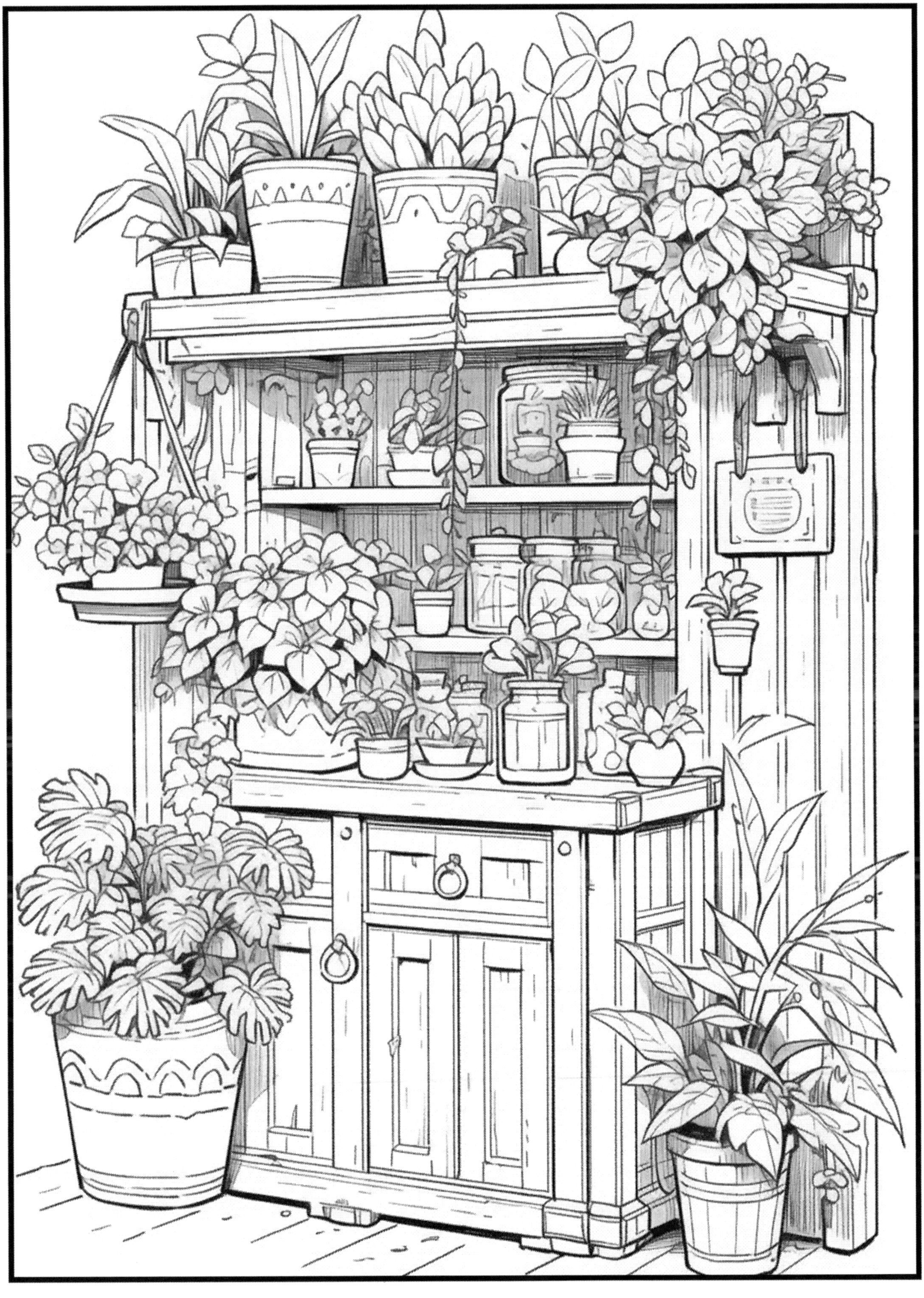

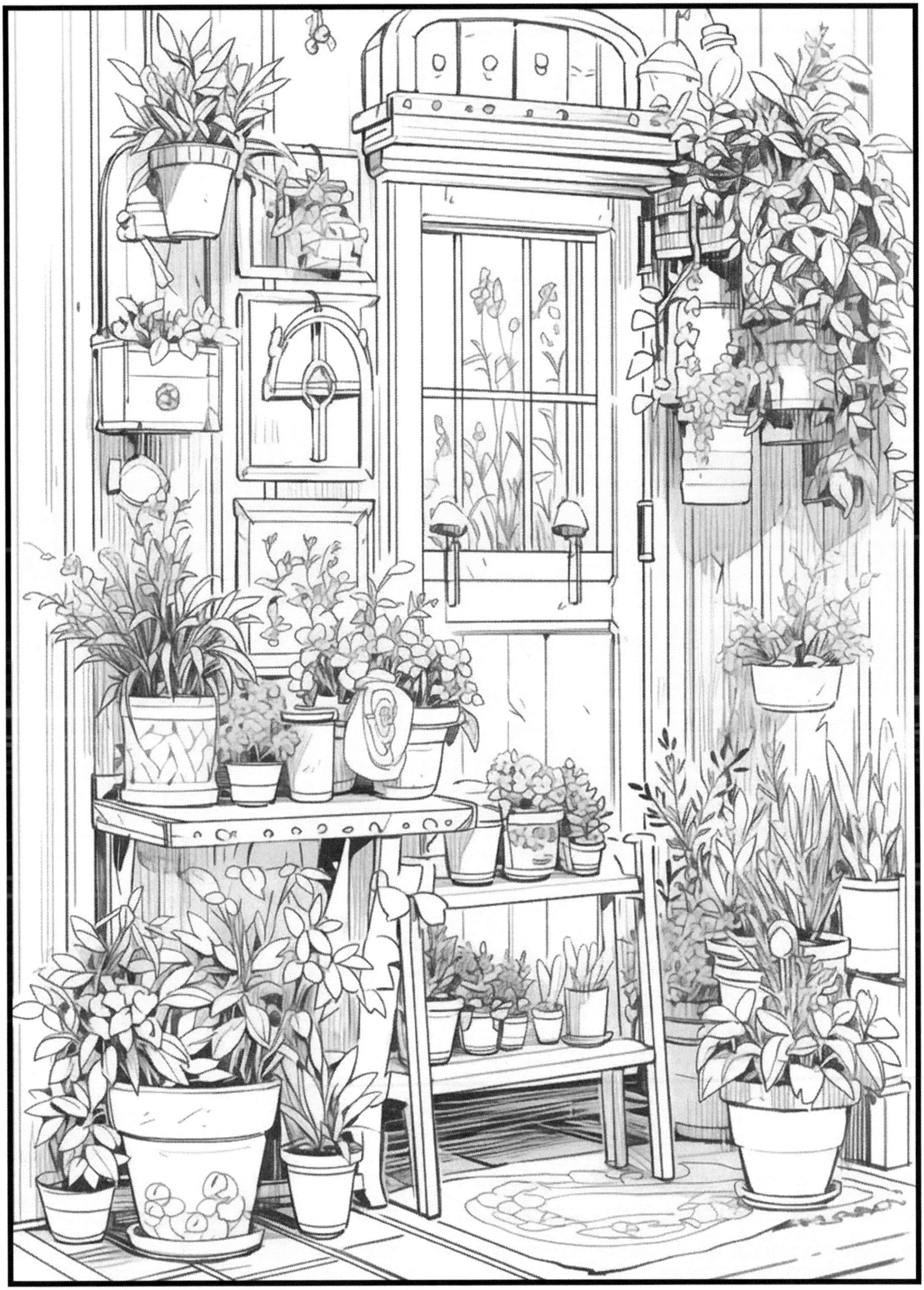

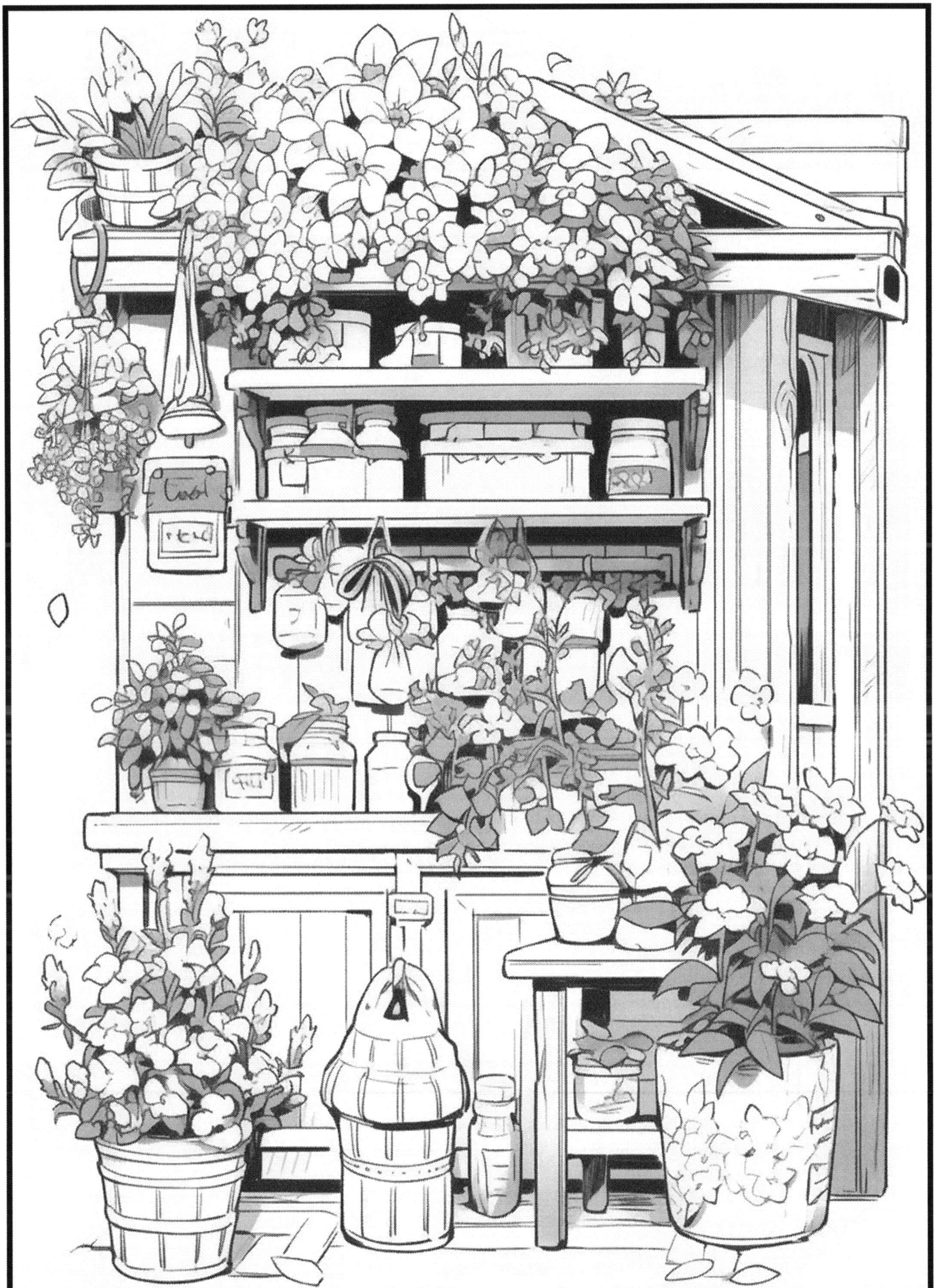

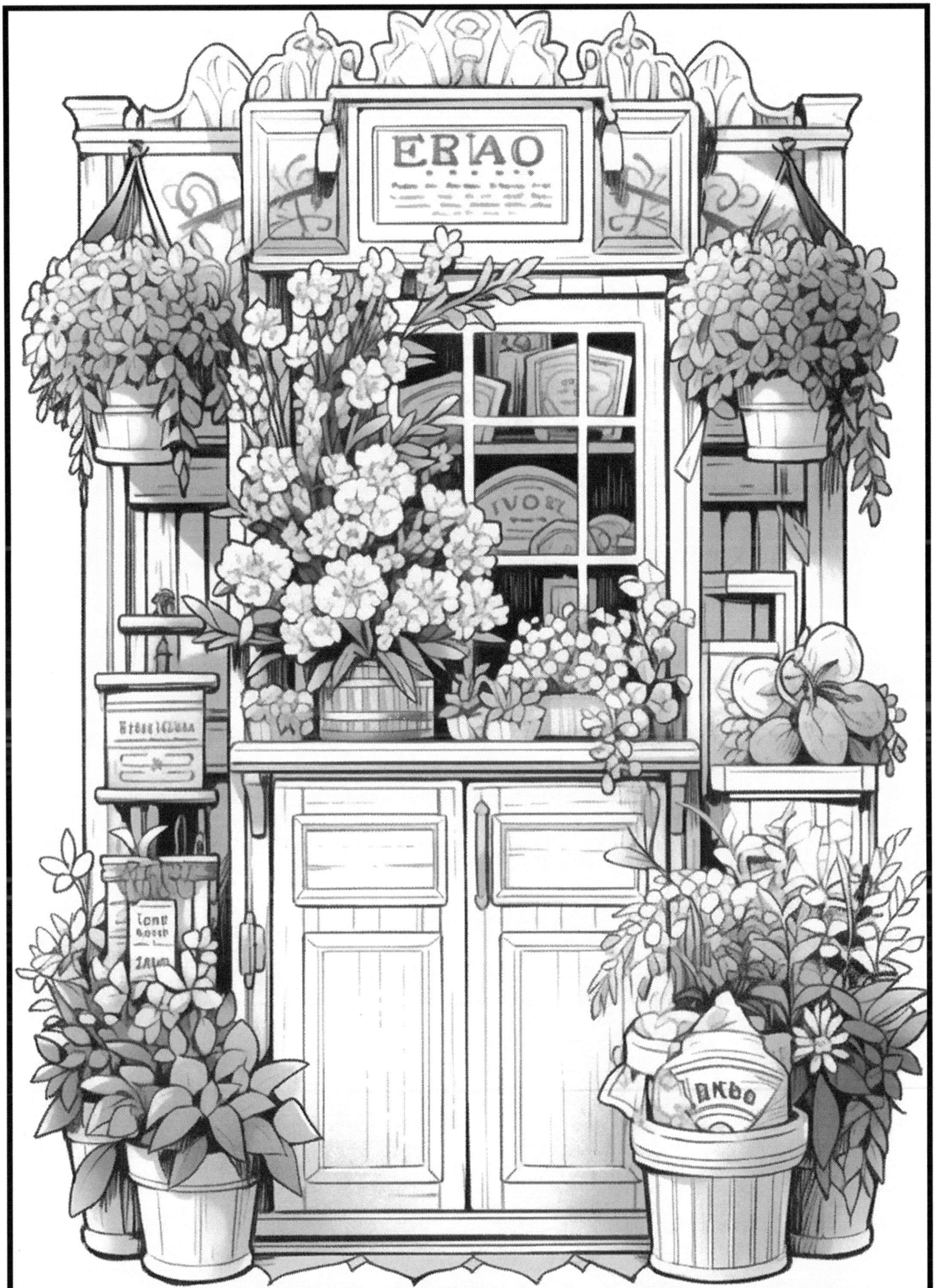

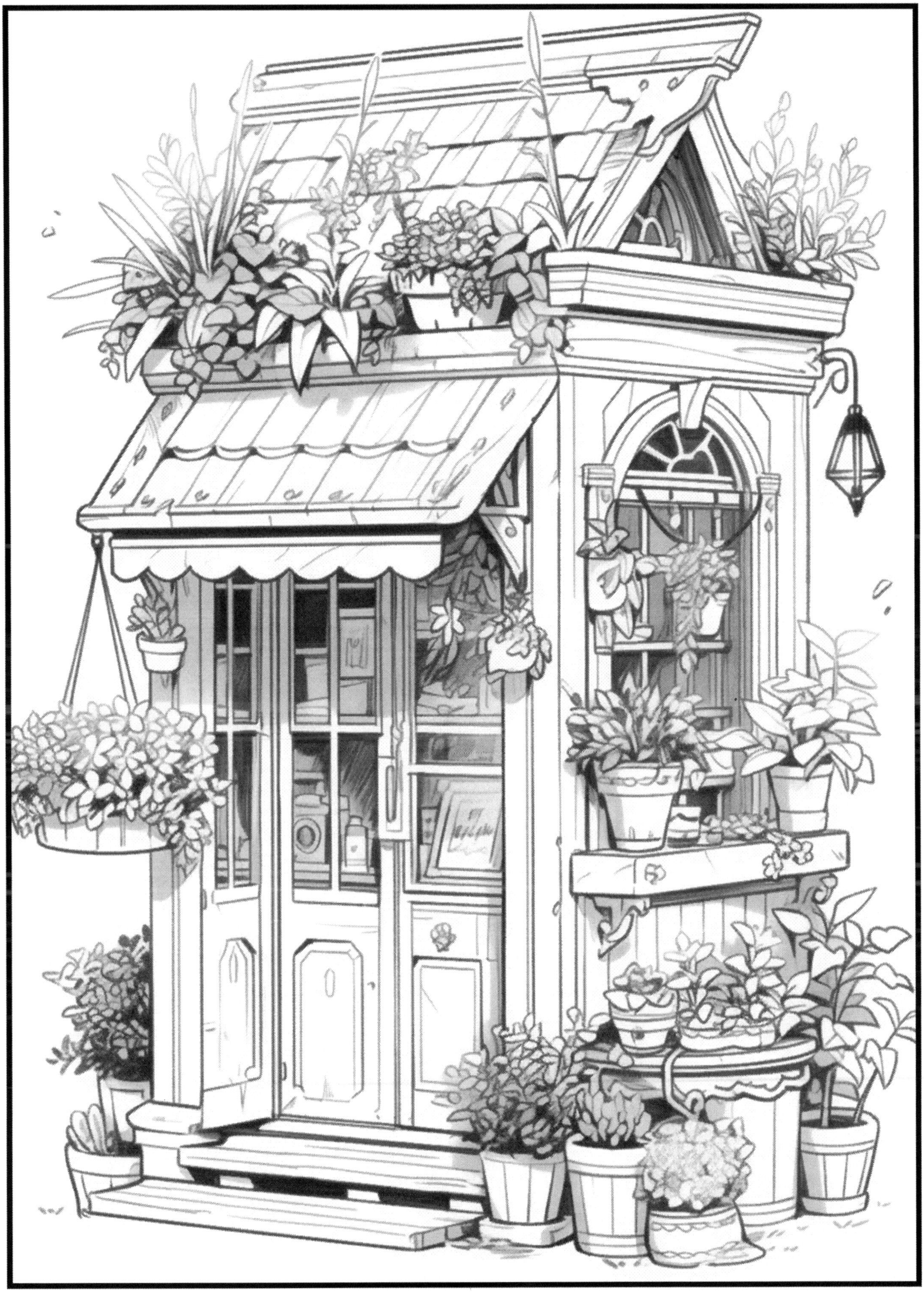

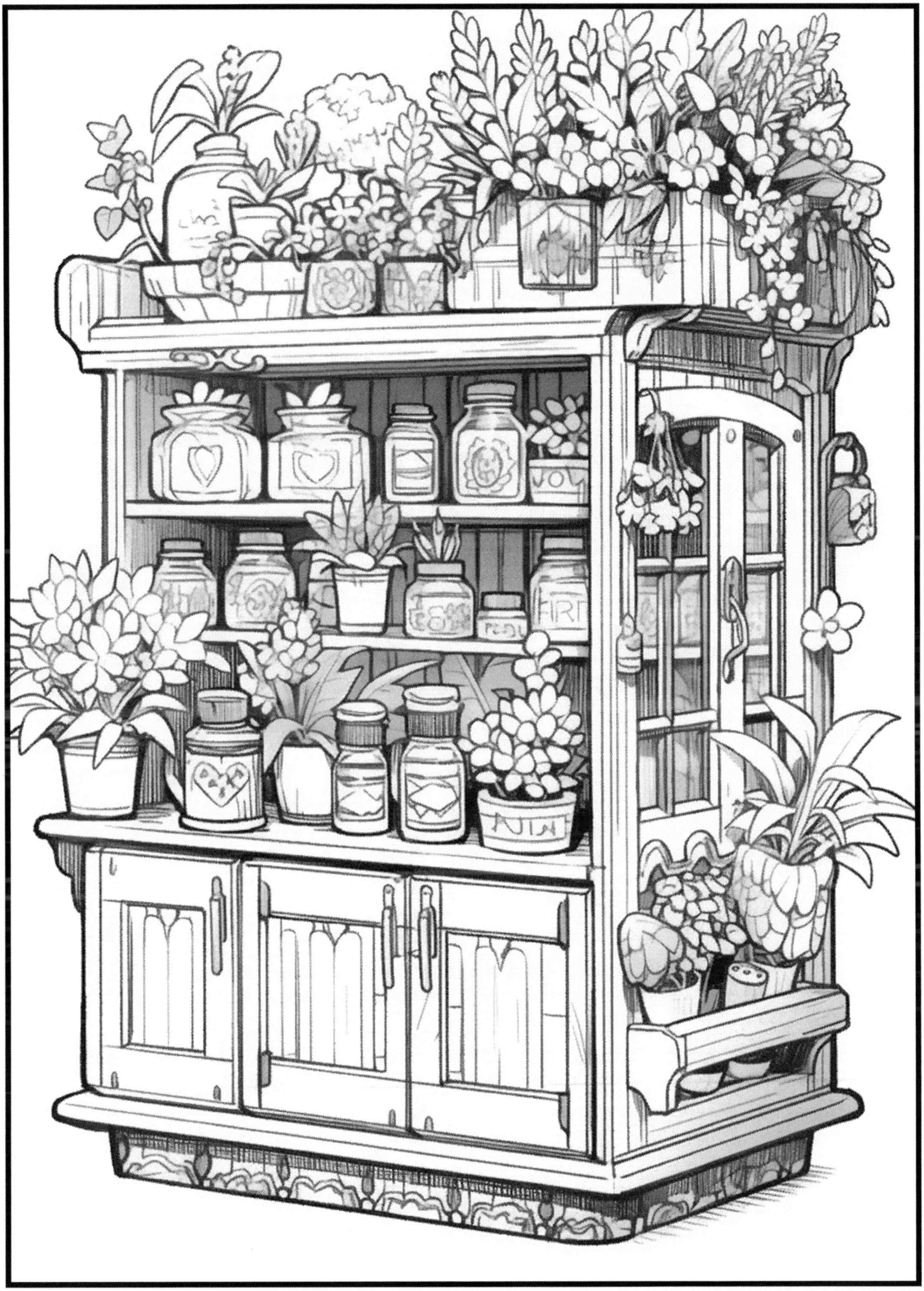

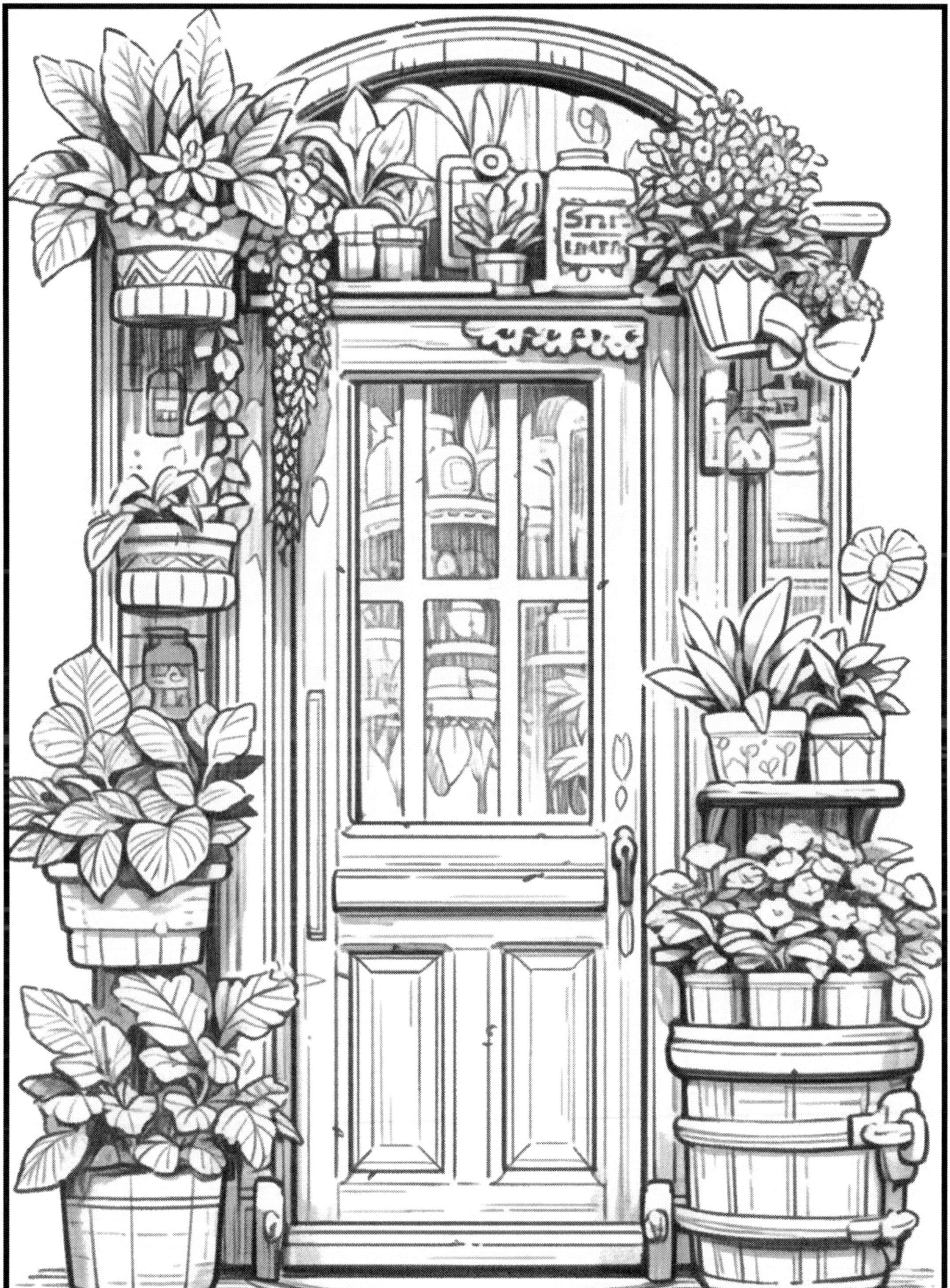

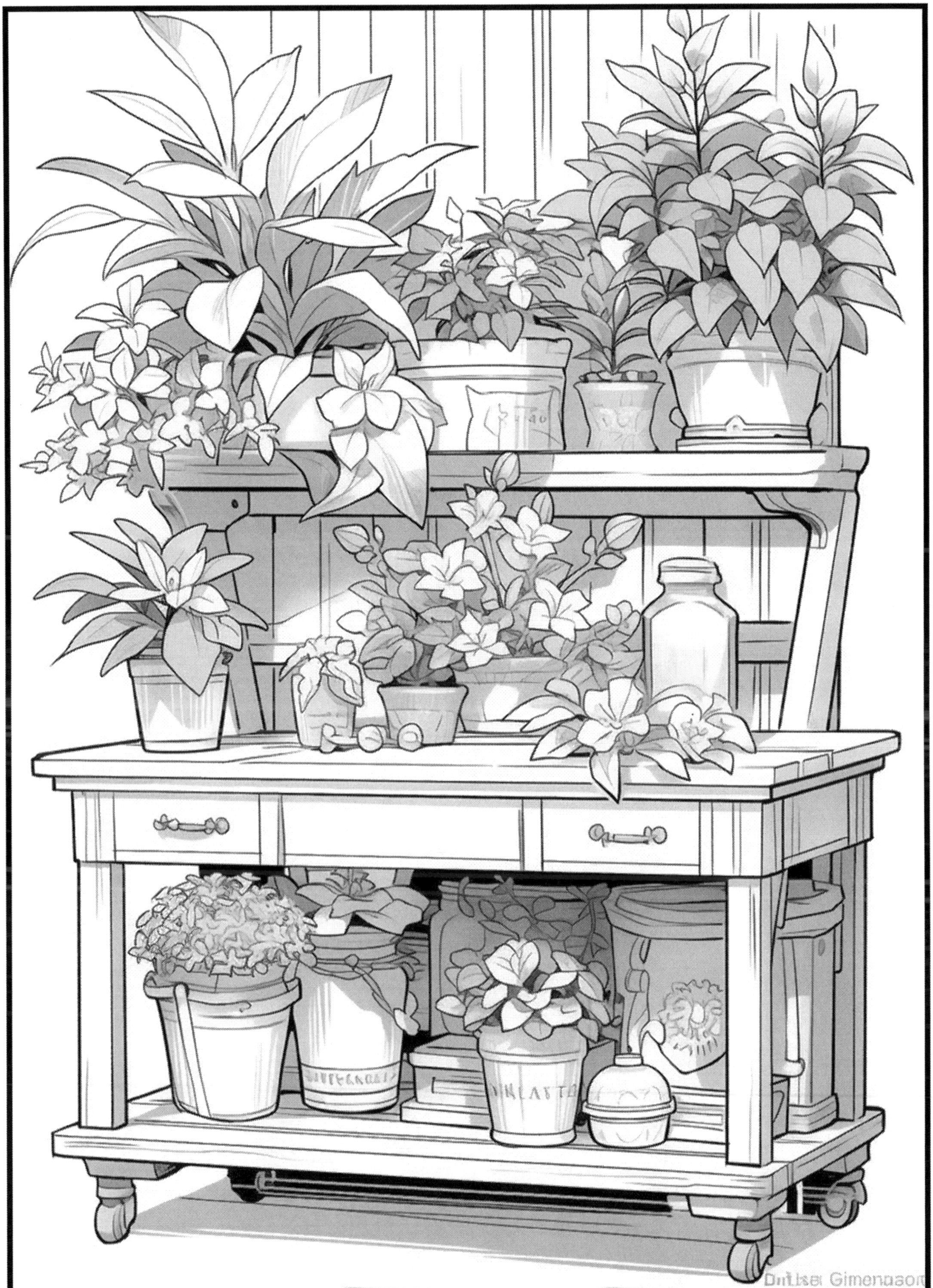

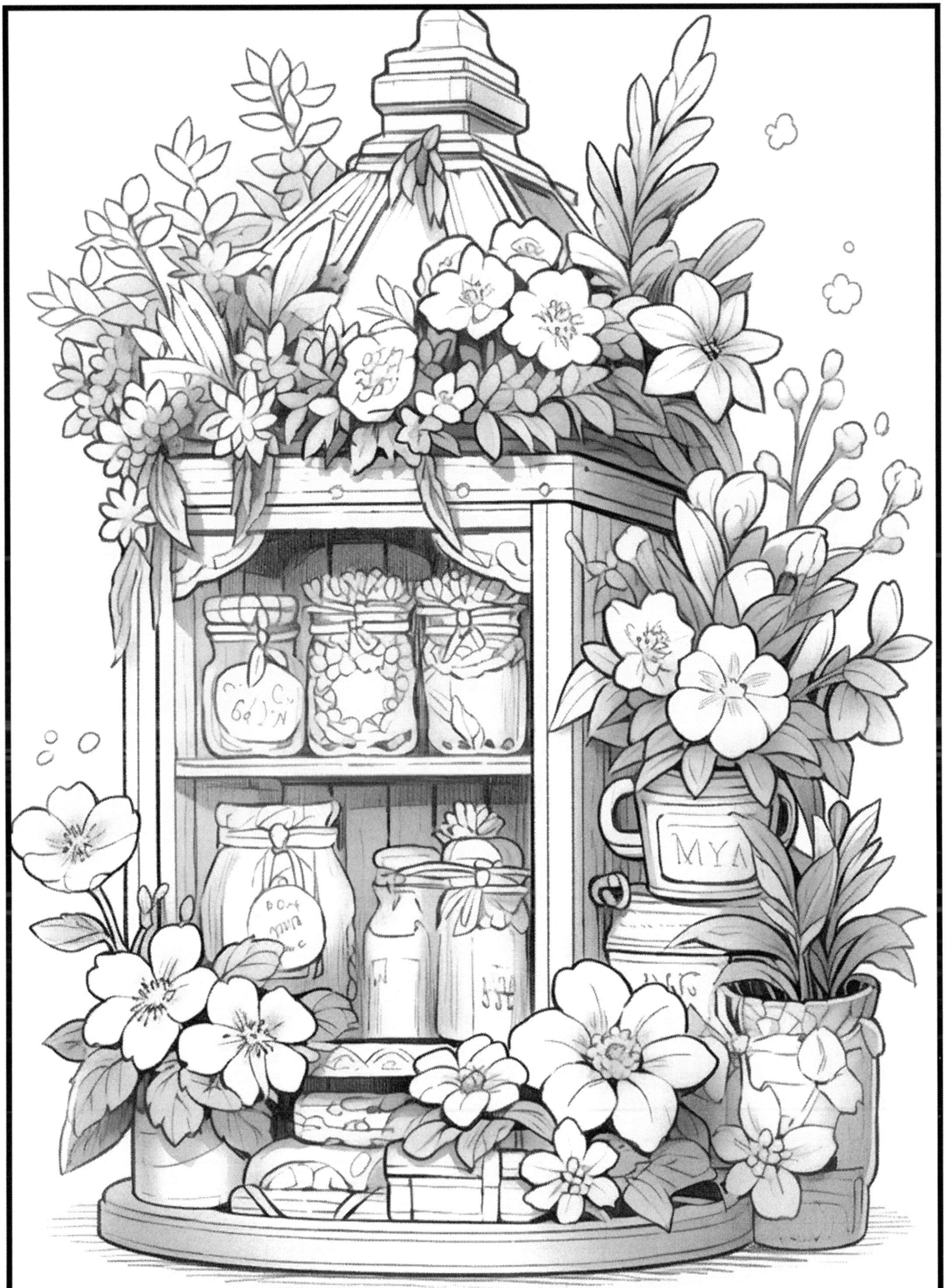
MYA

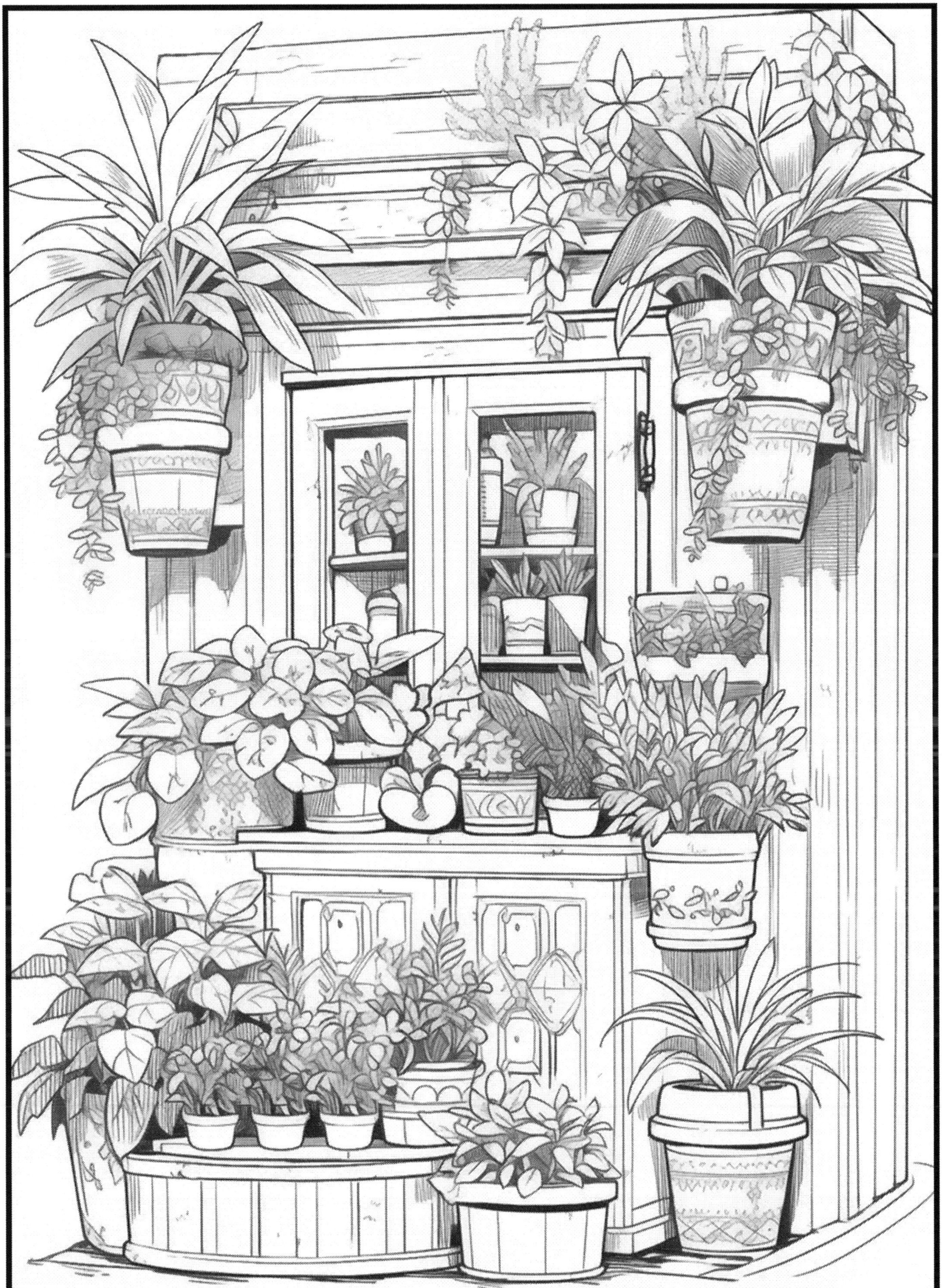

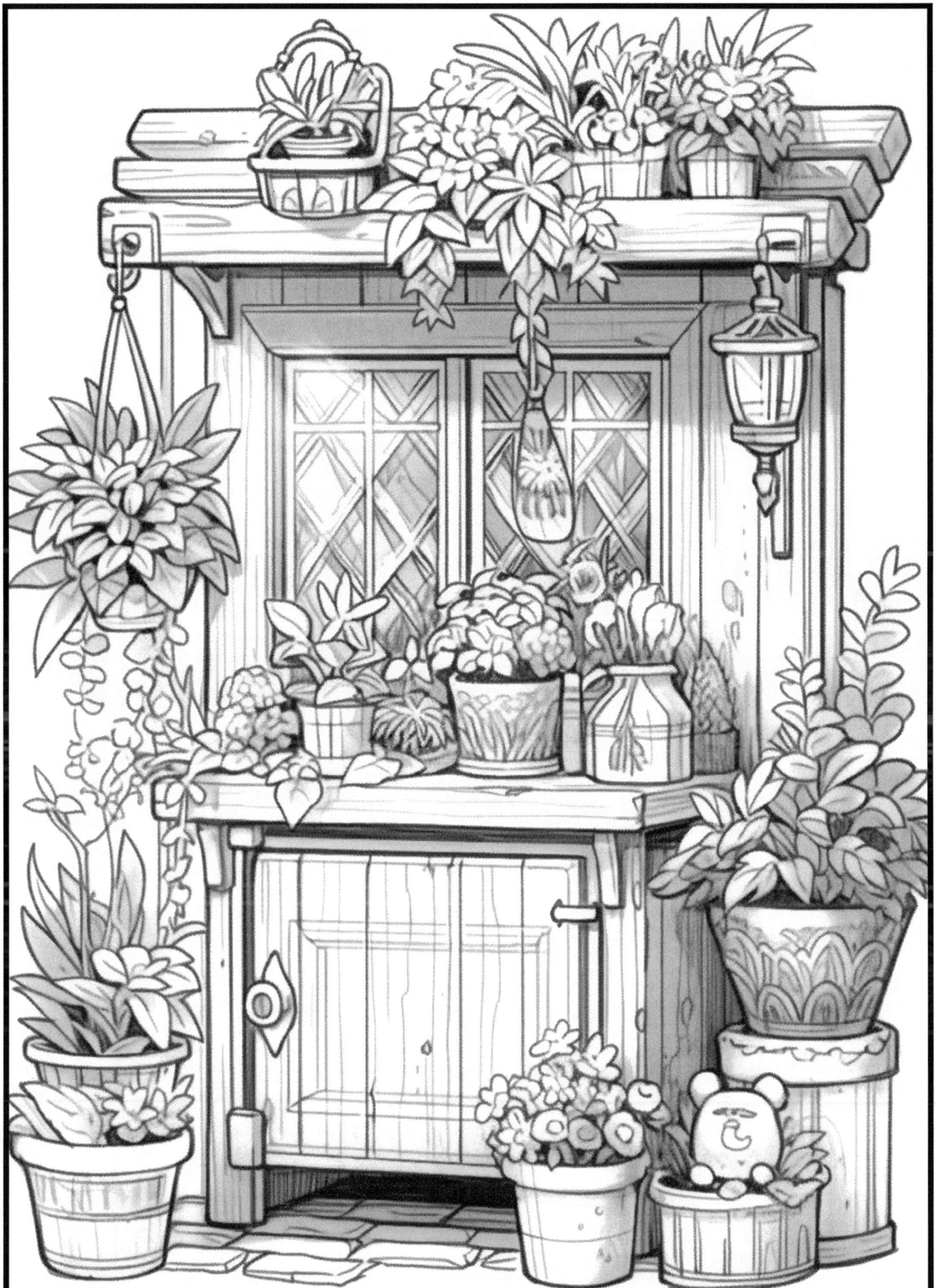

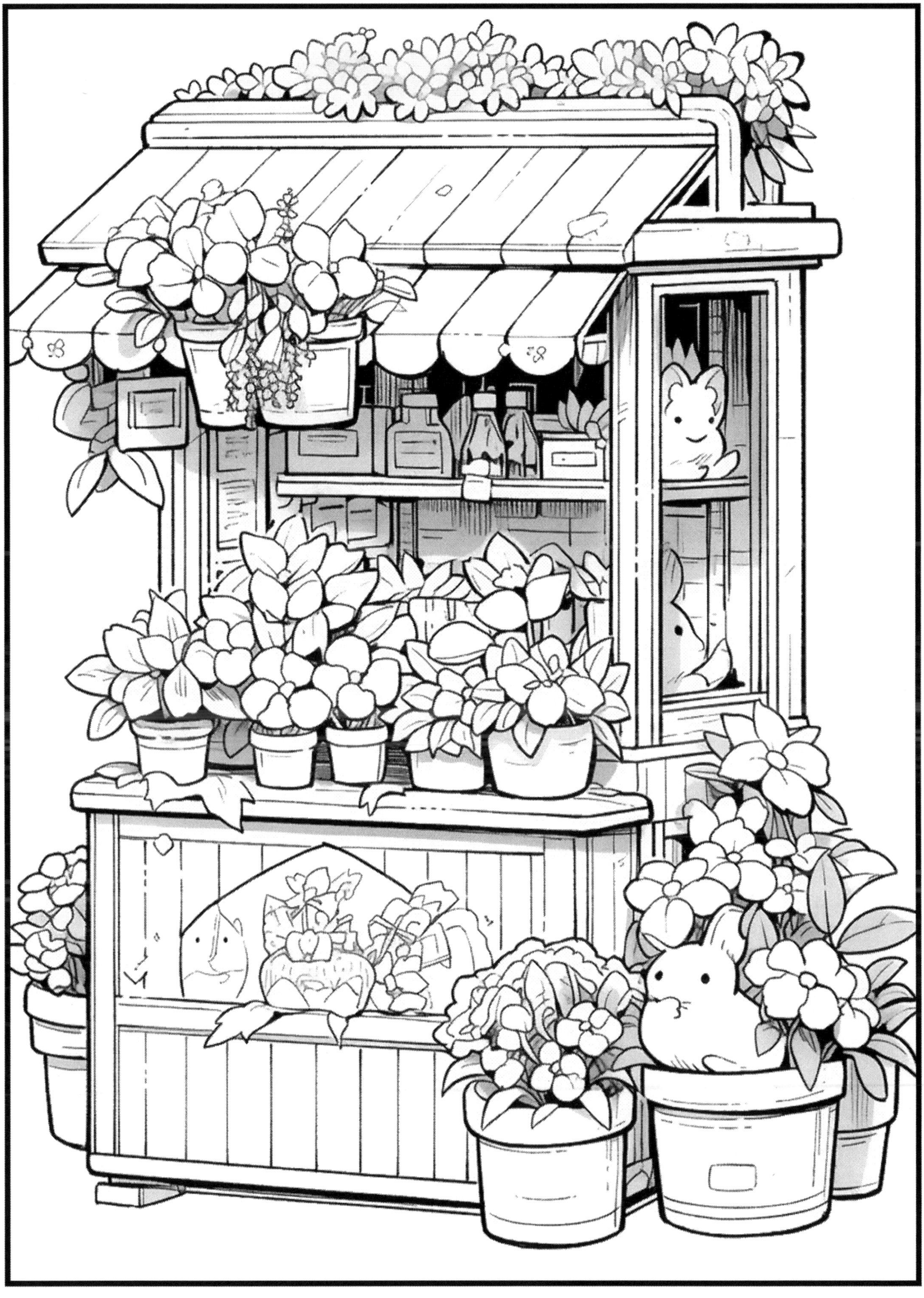

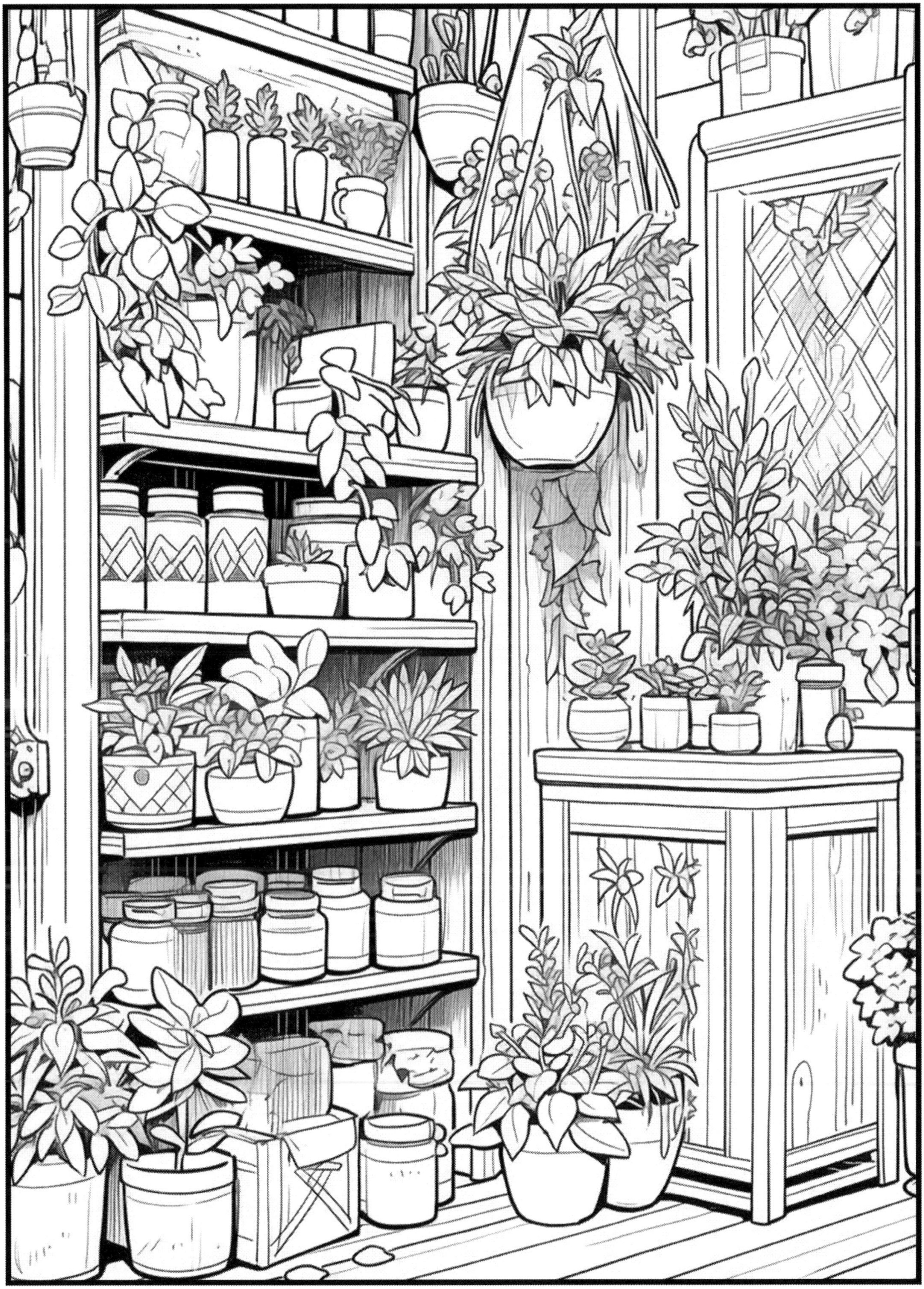

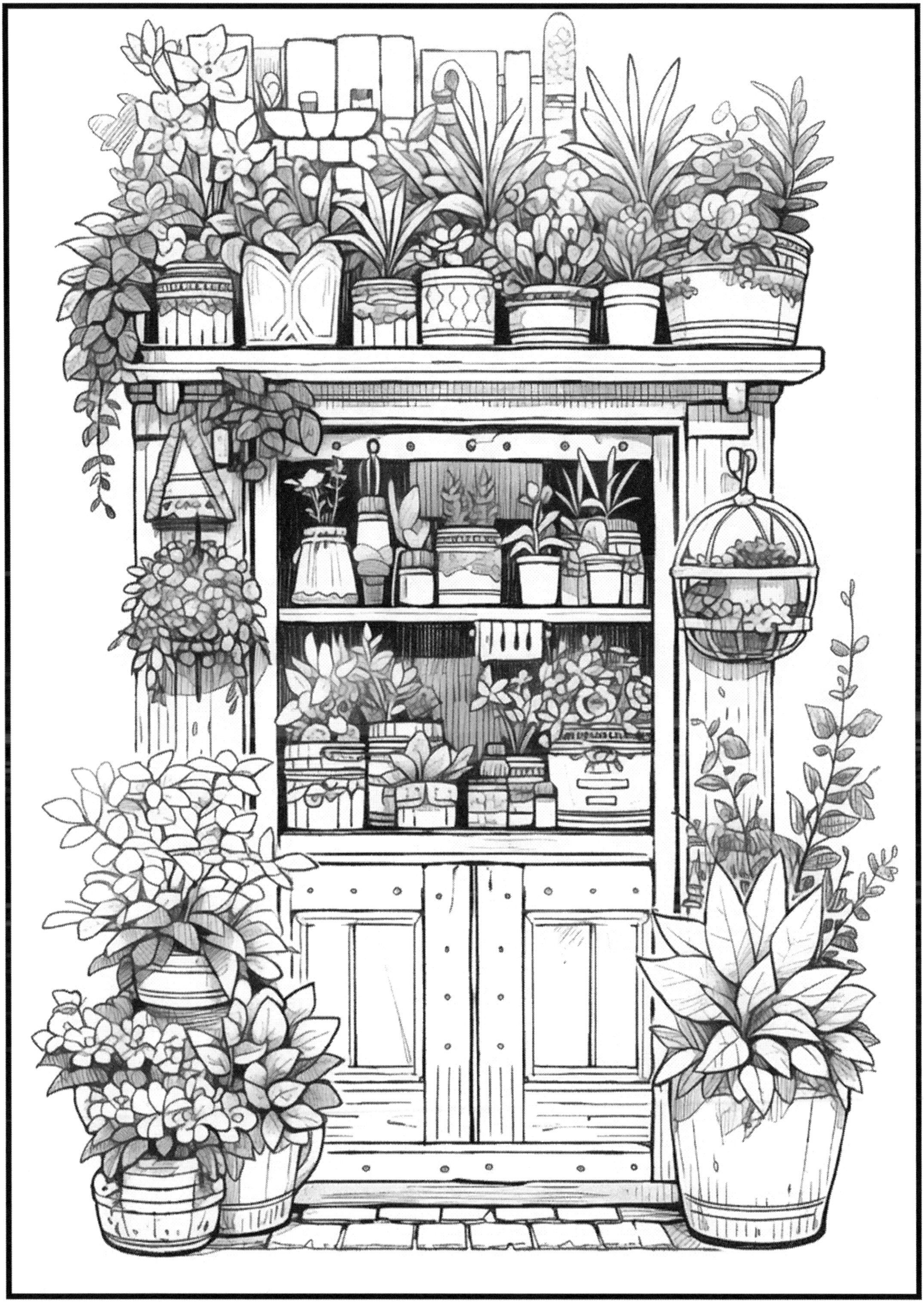

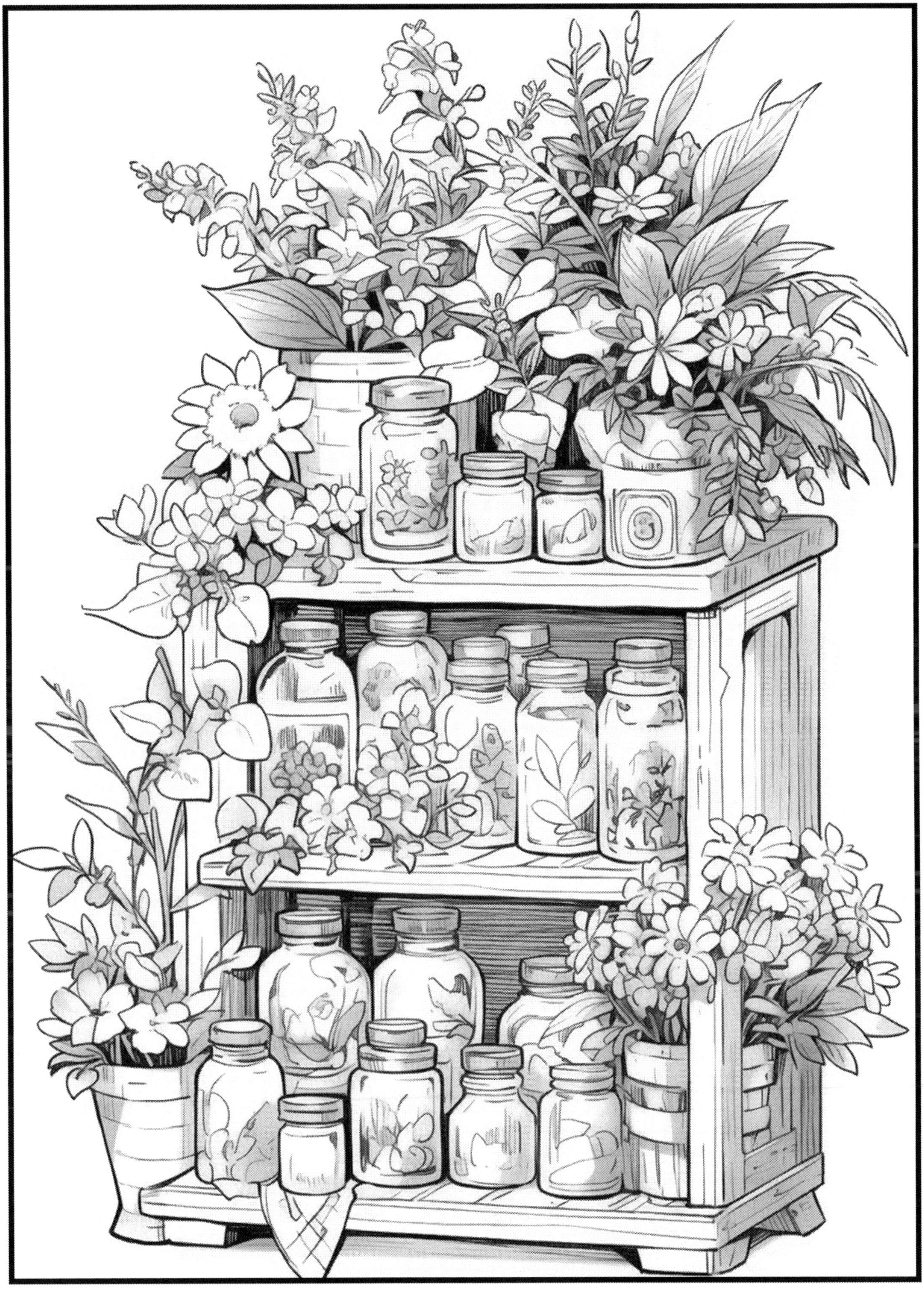

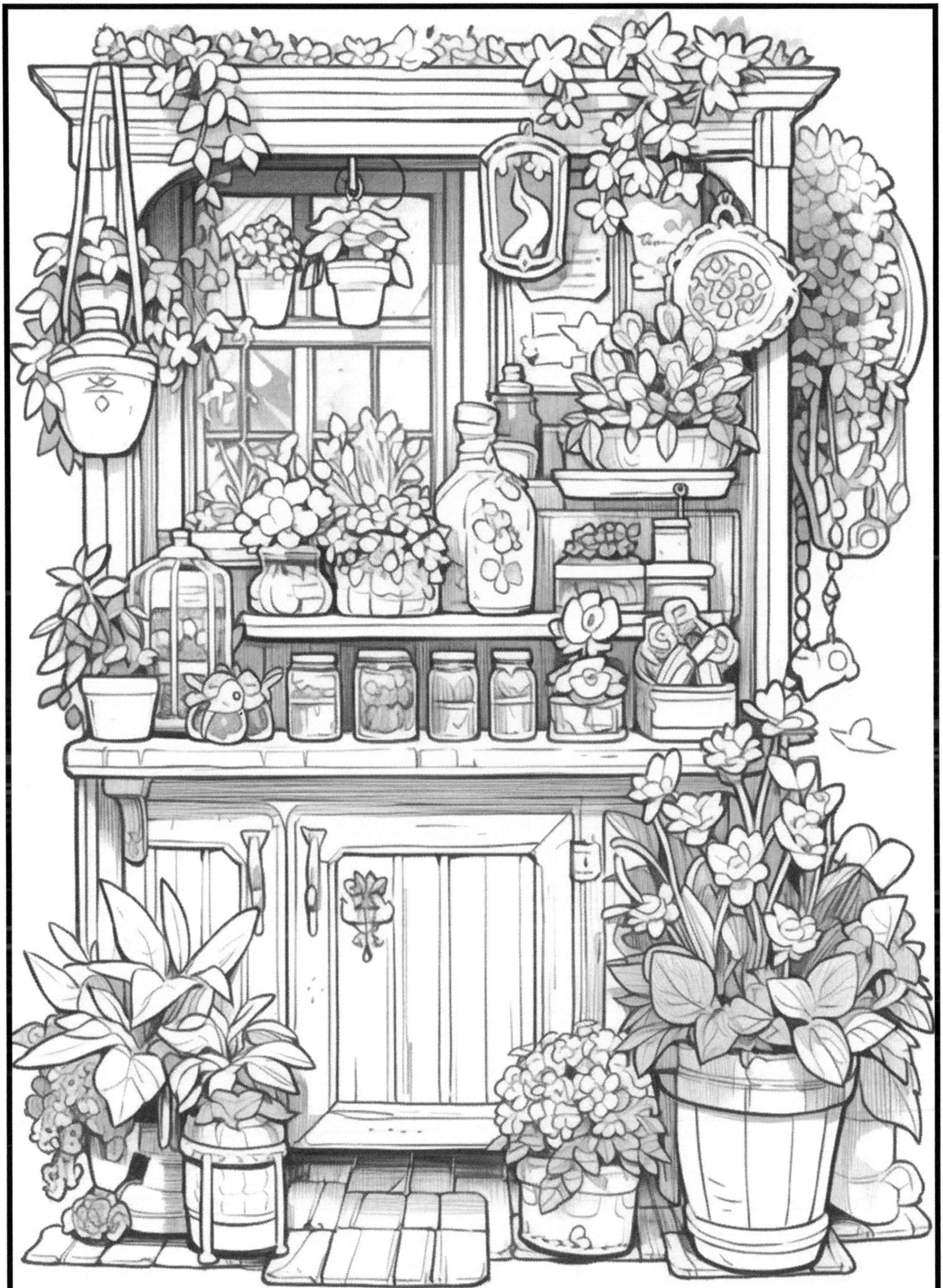

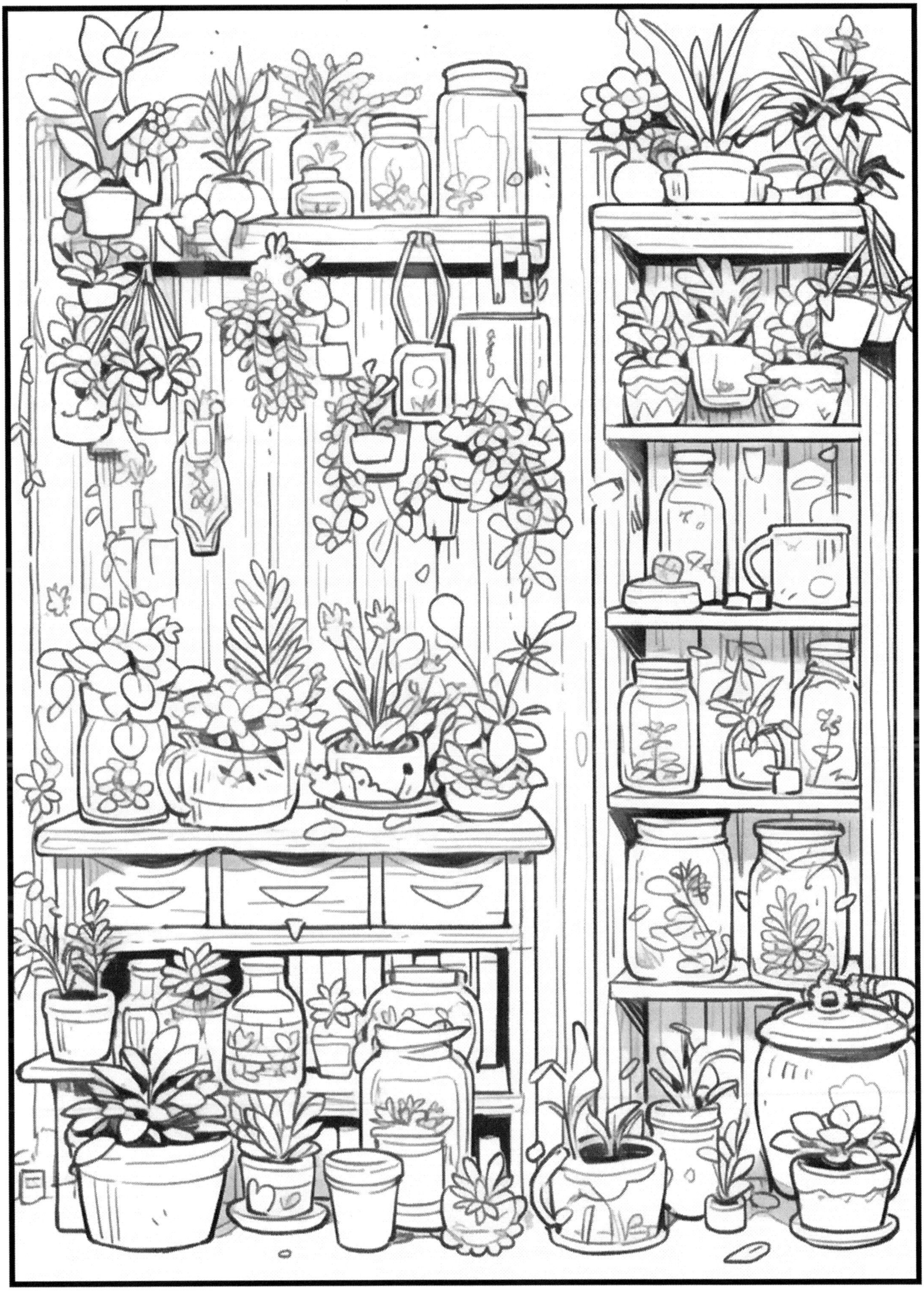

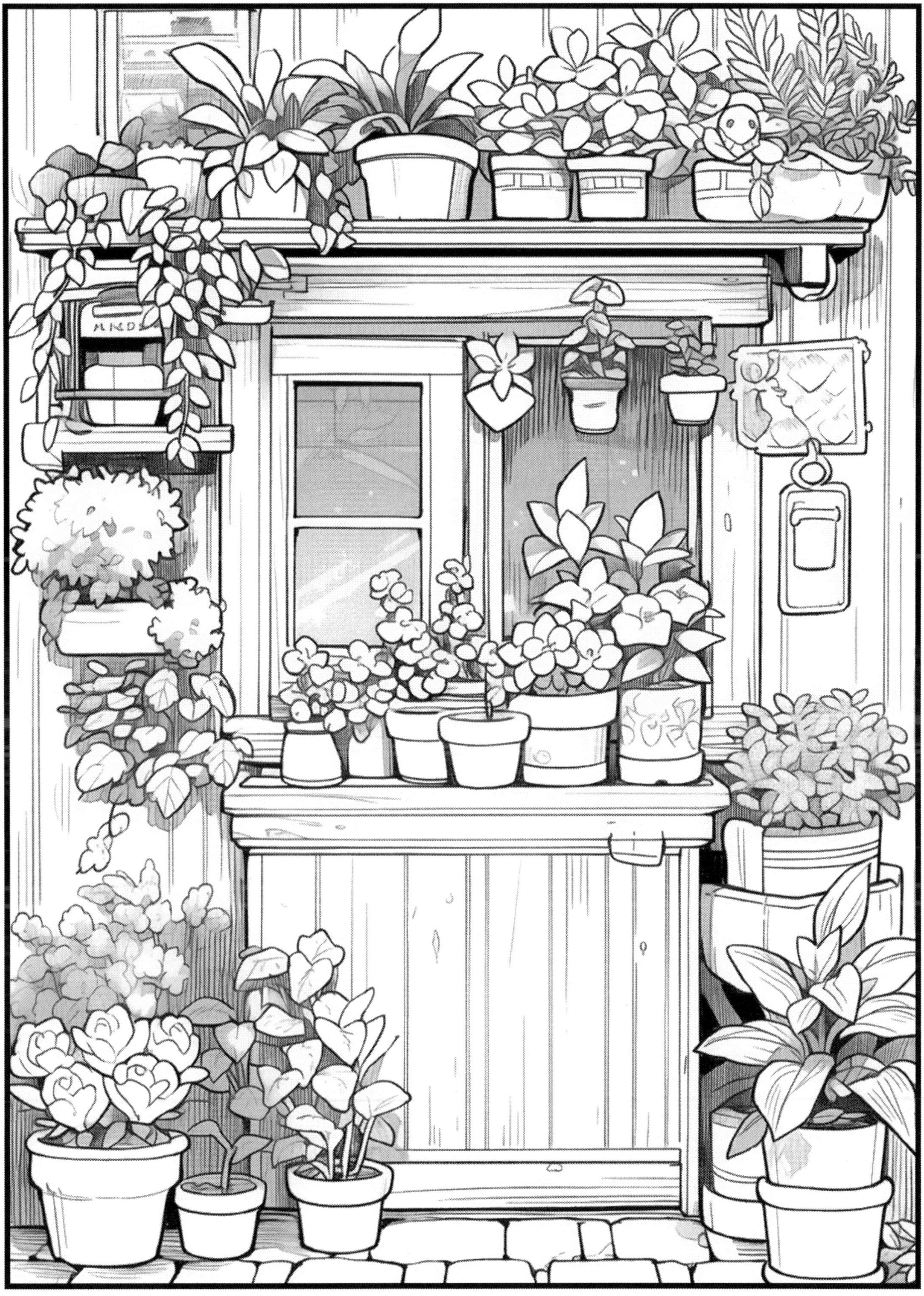

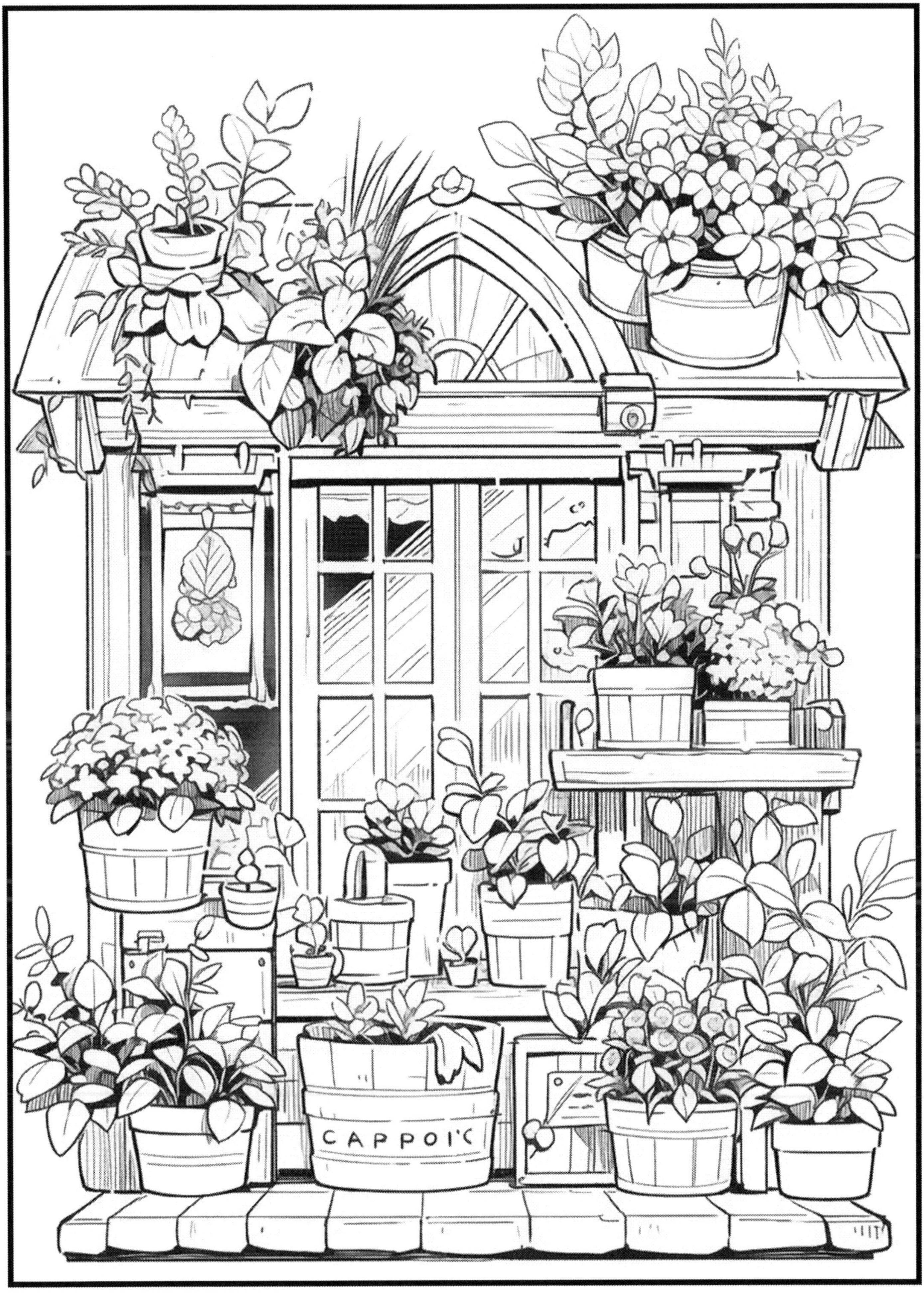
CAPPOI'C

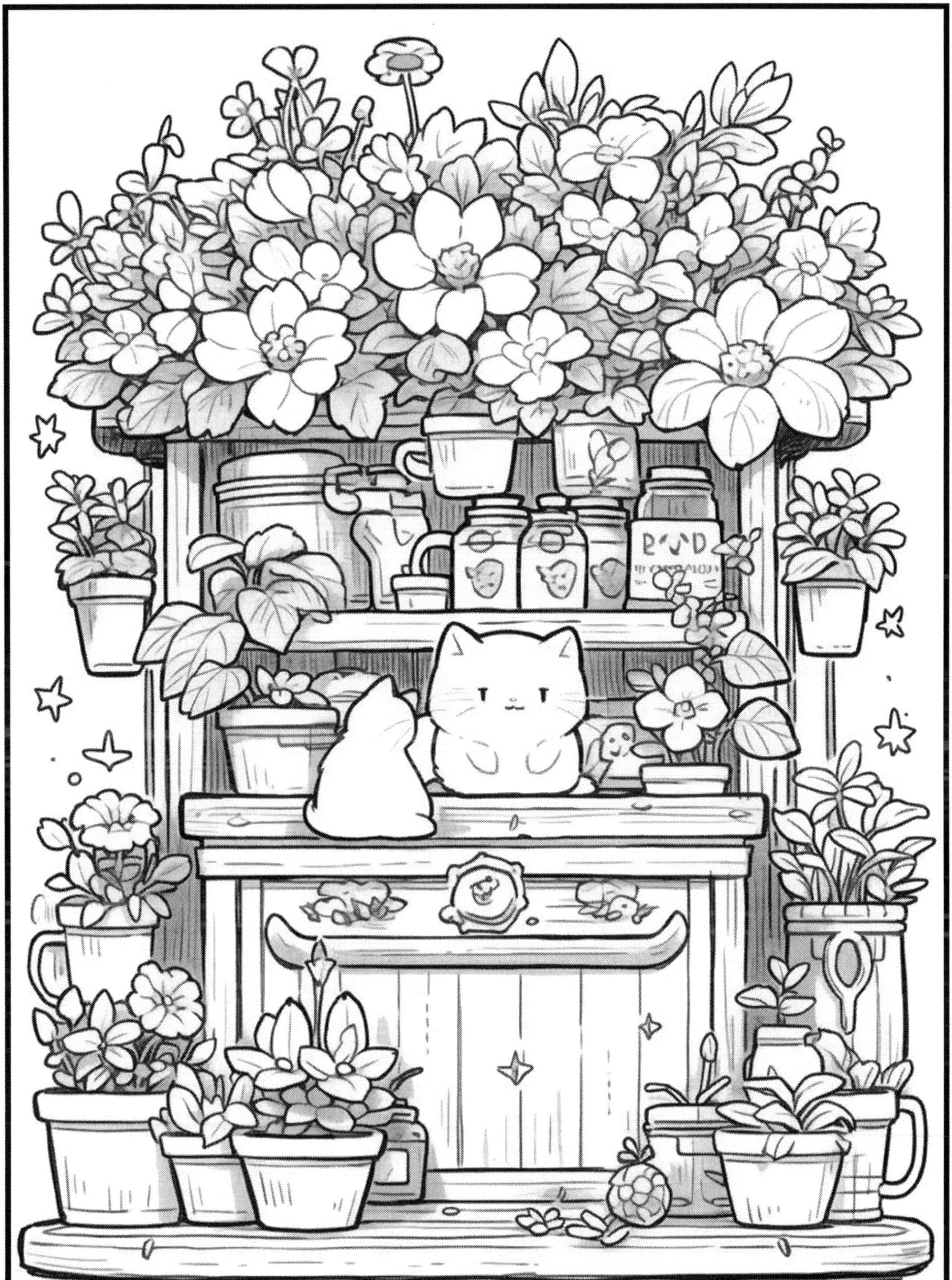

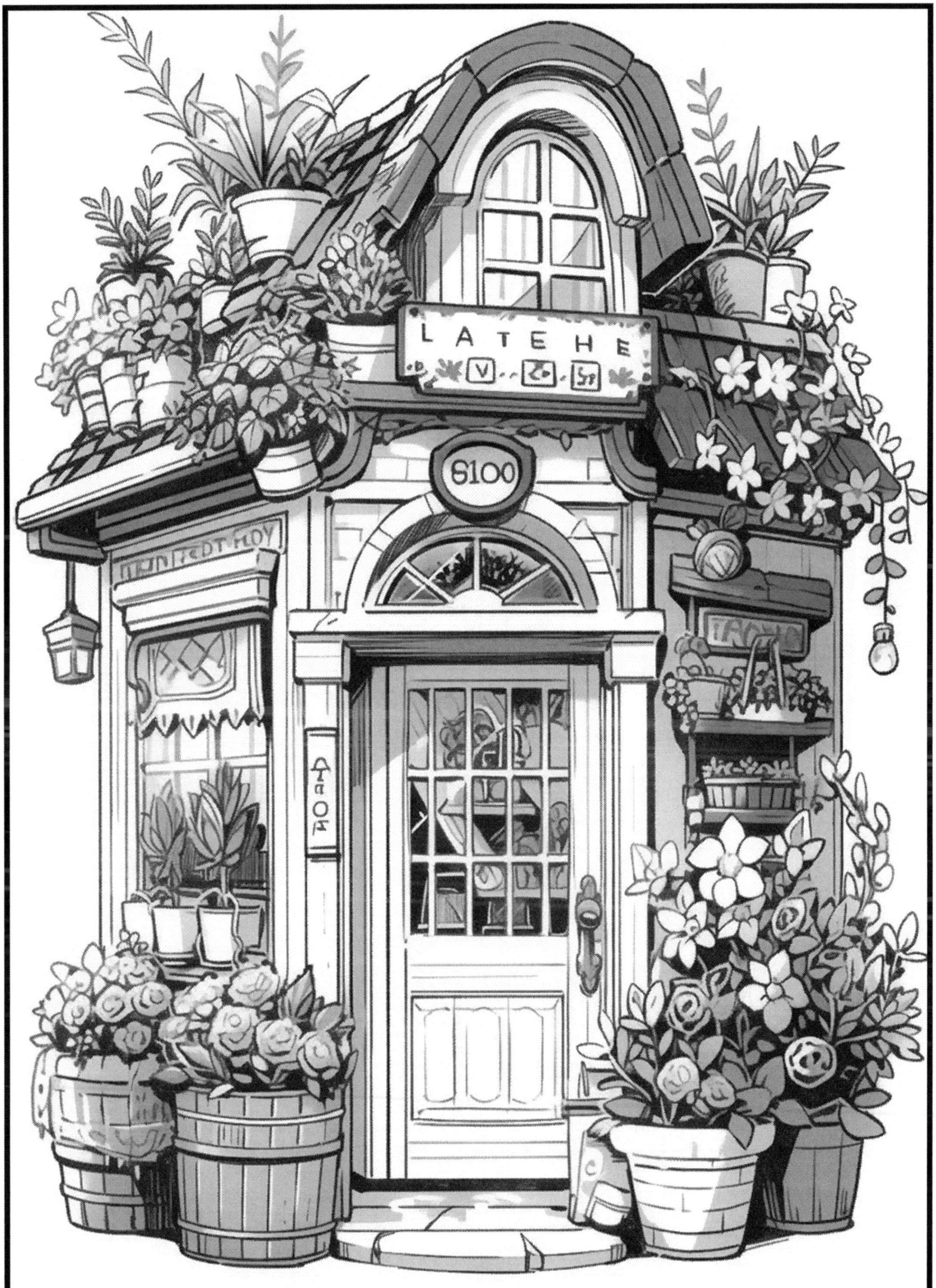
L A T E H E

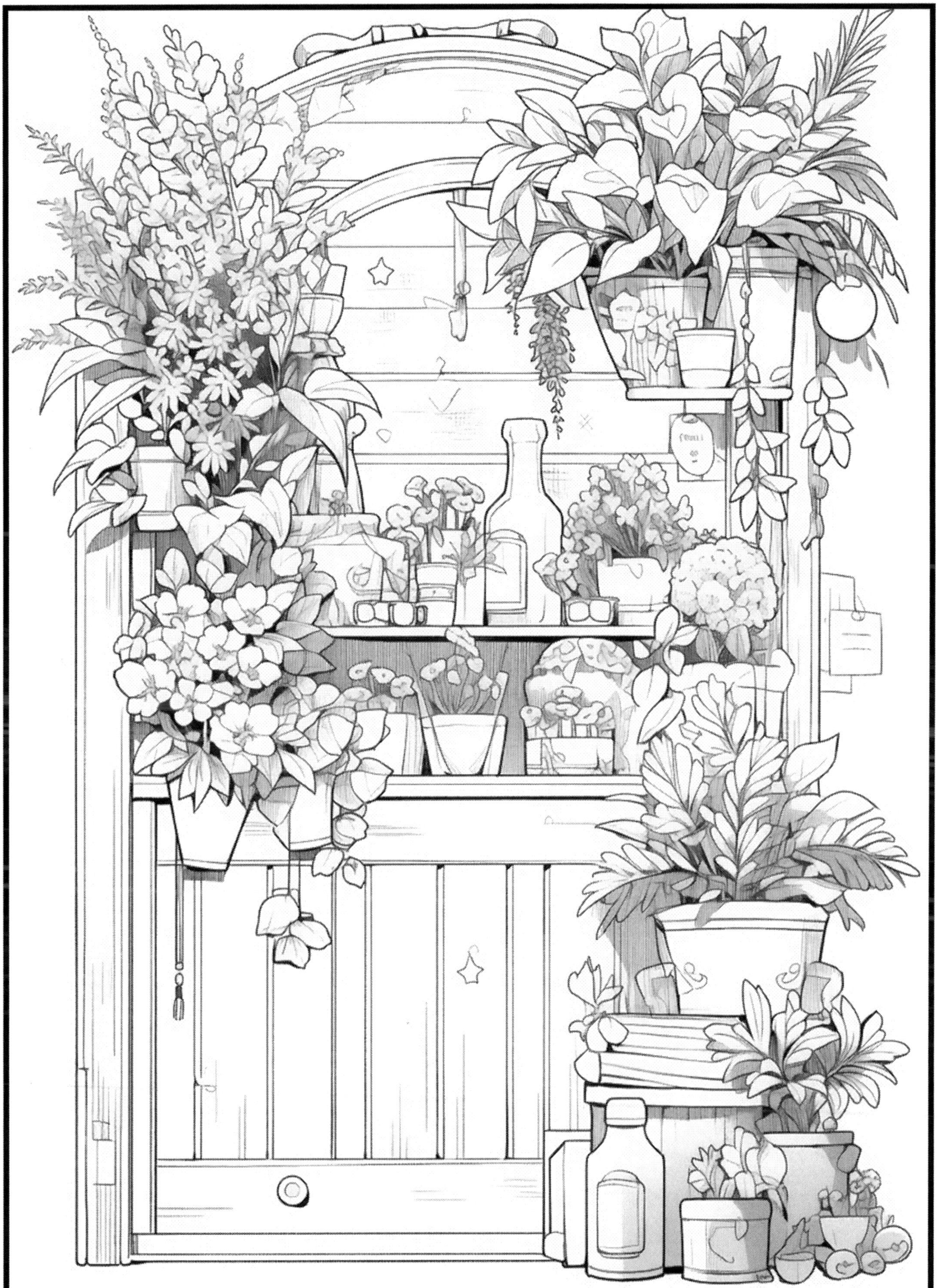

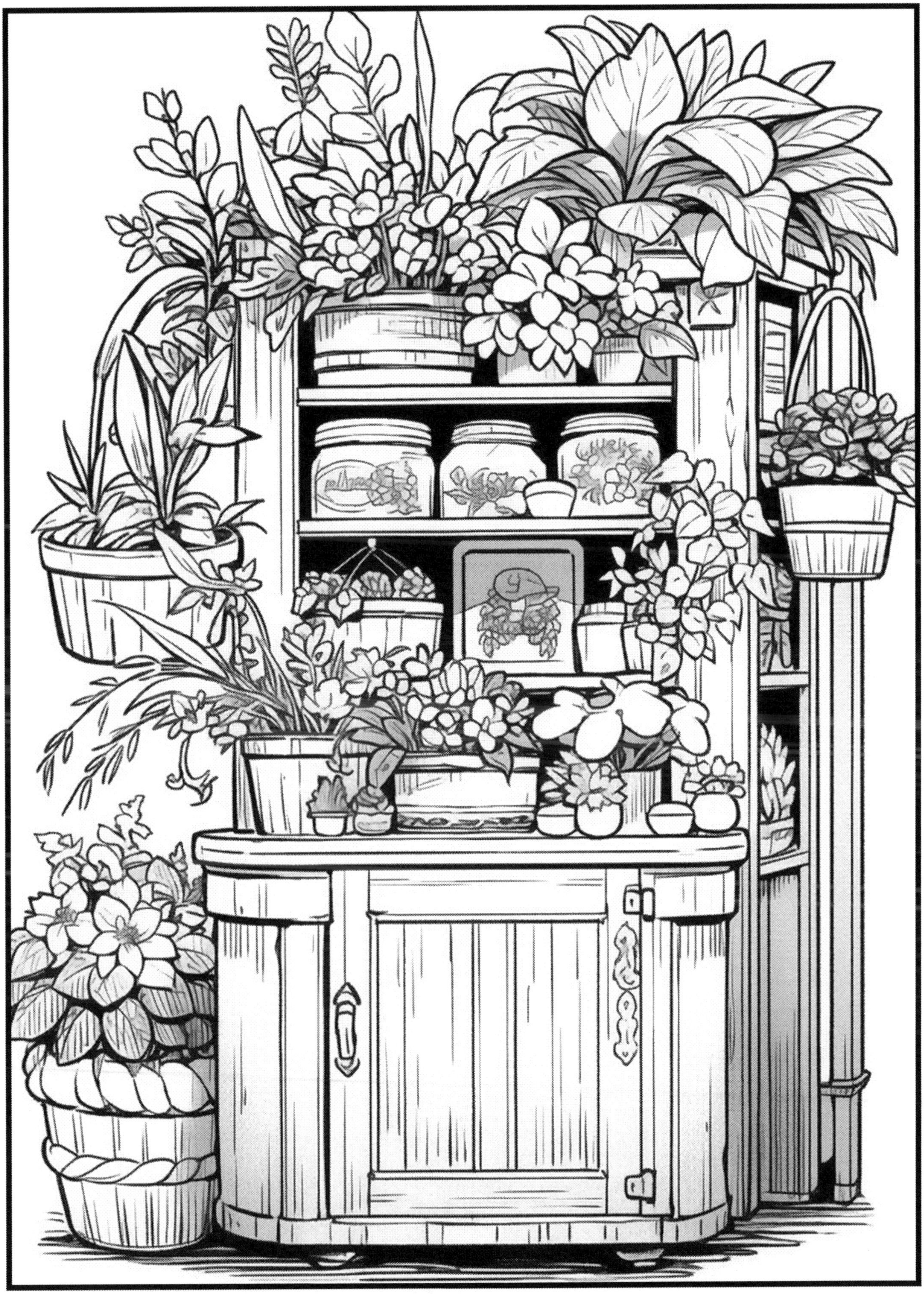

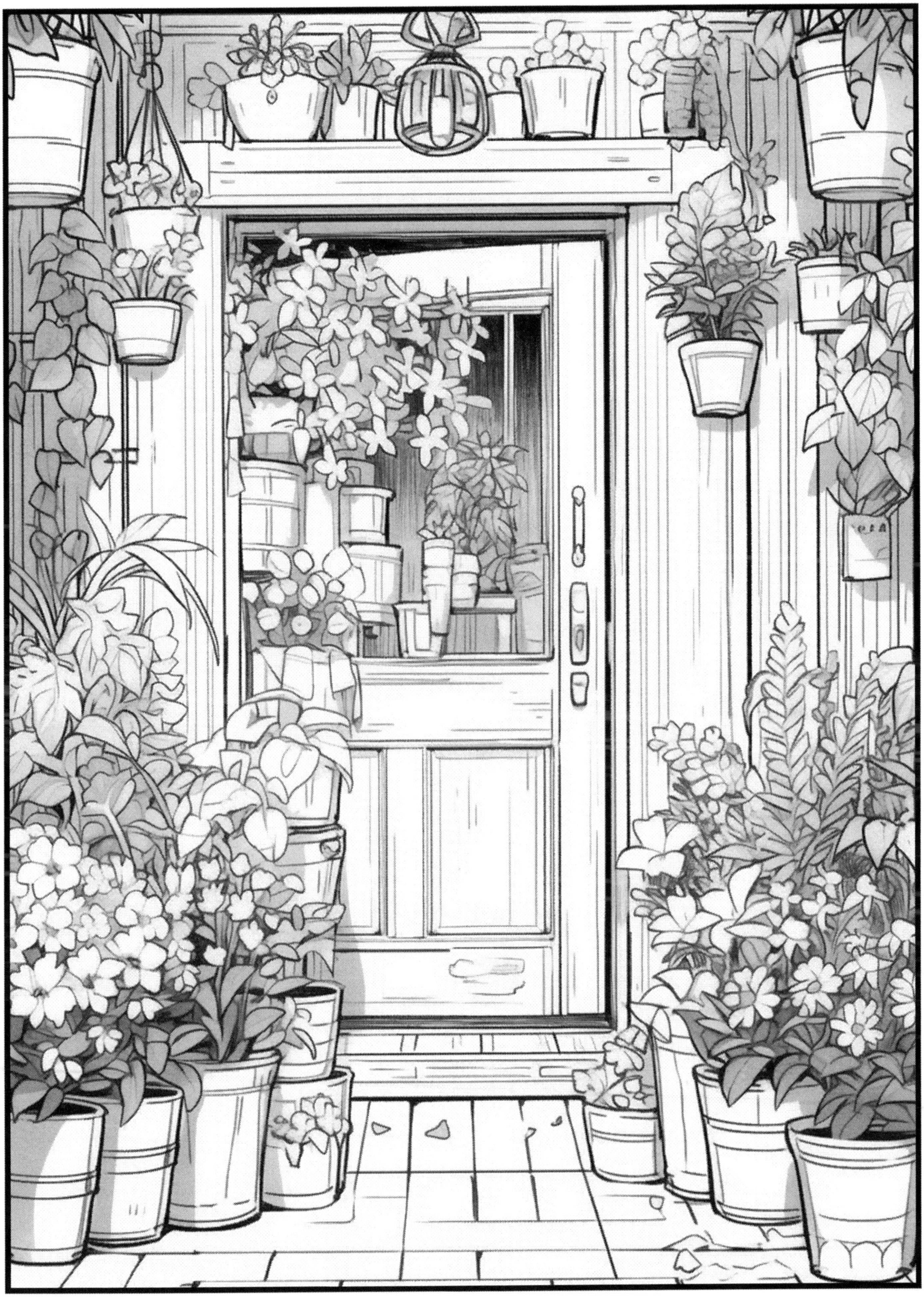

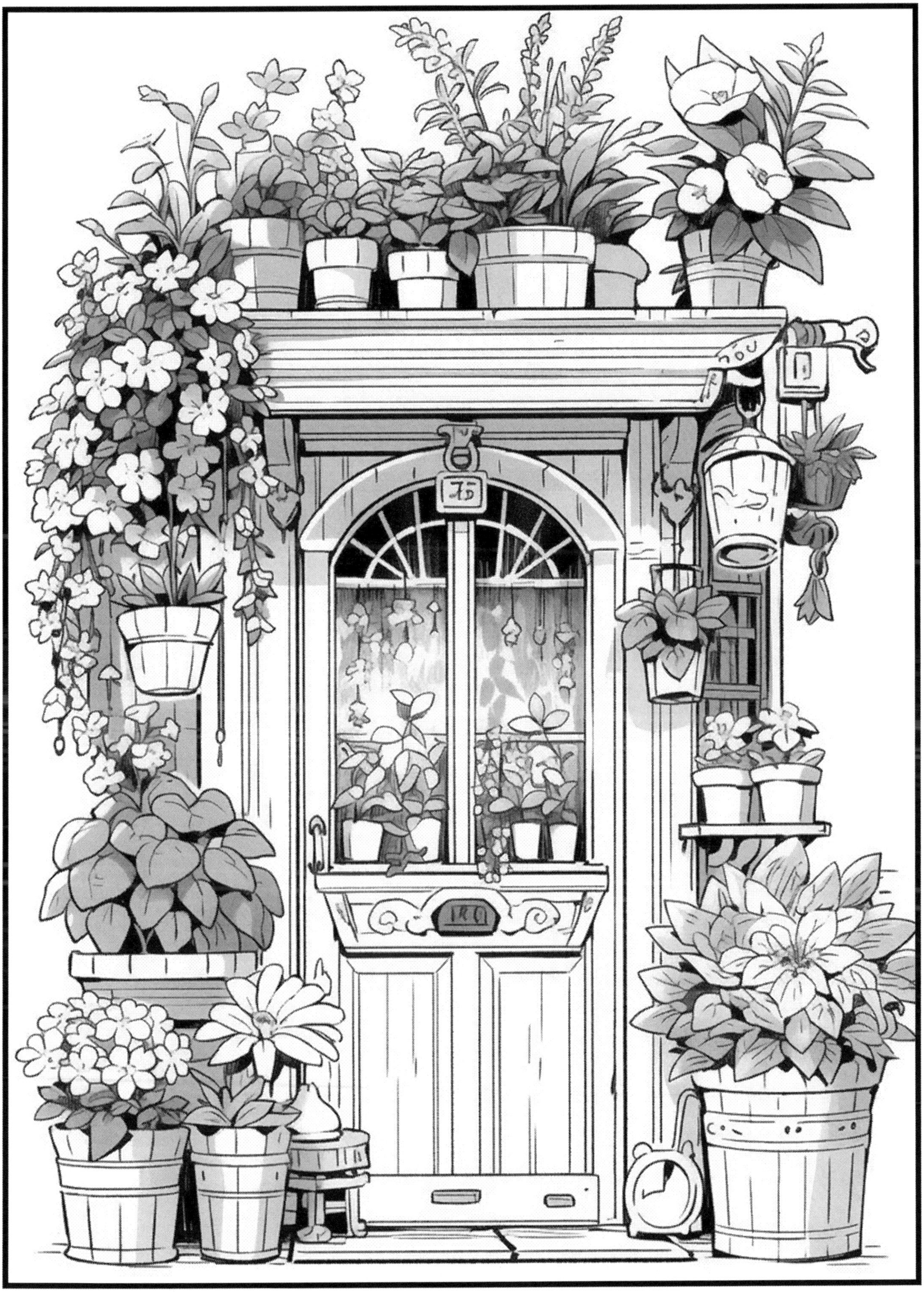

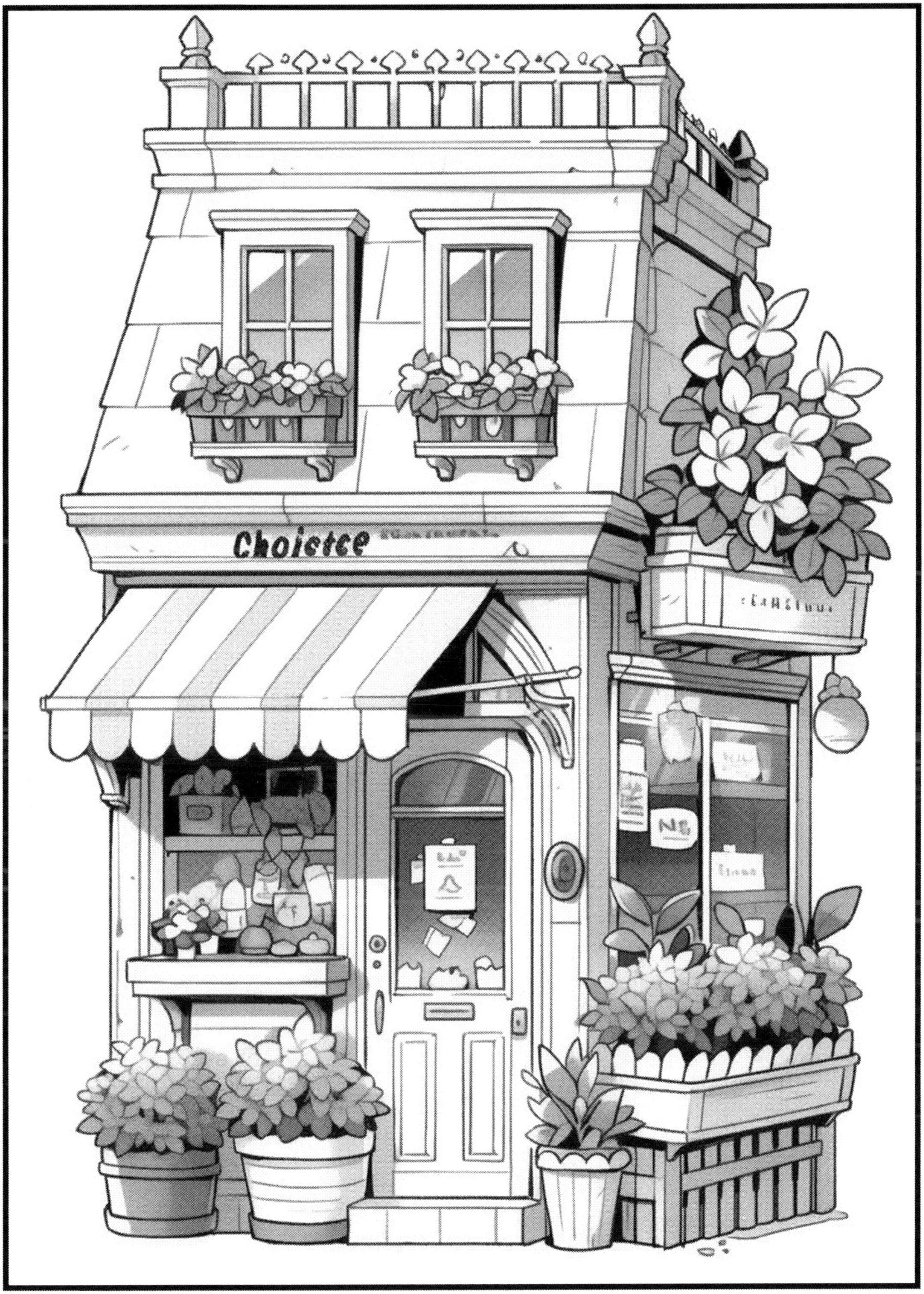
Choistce

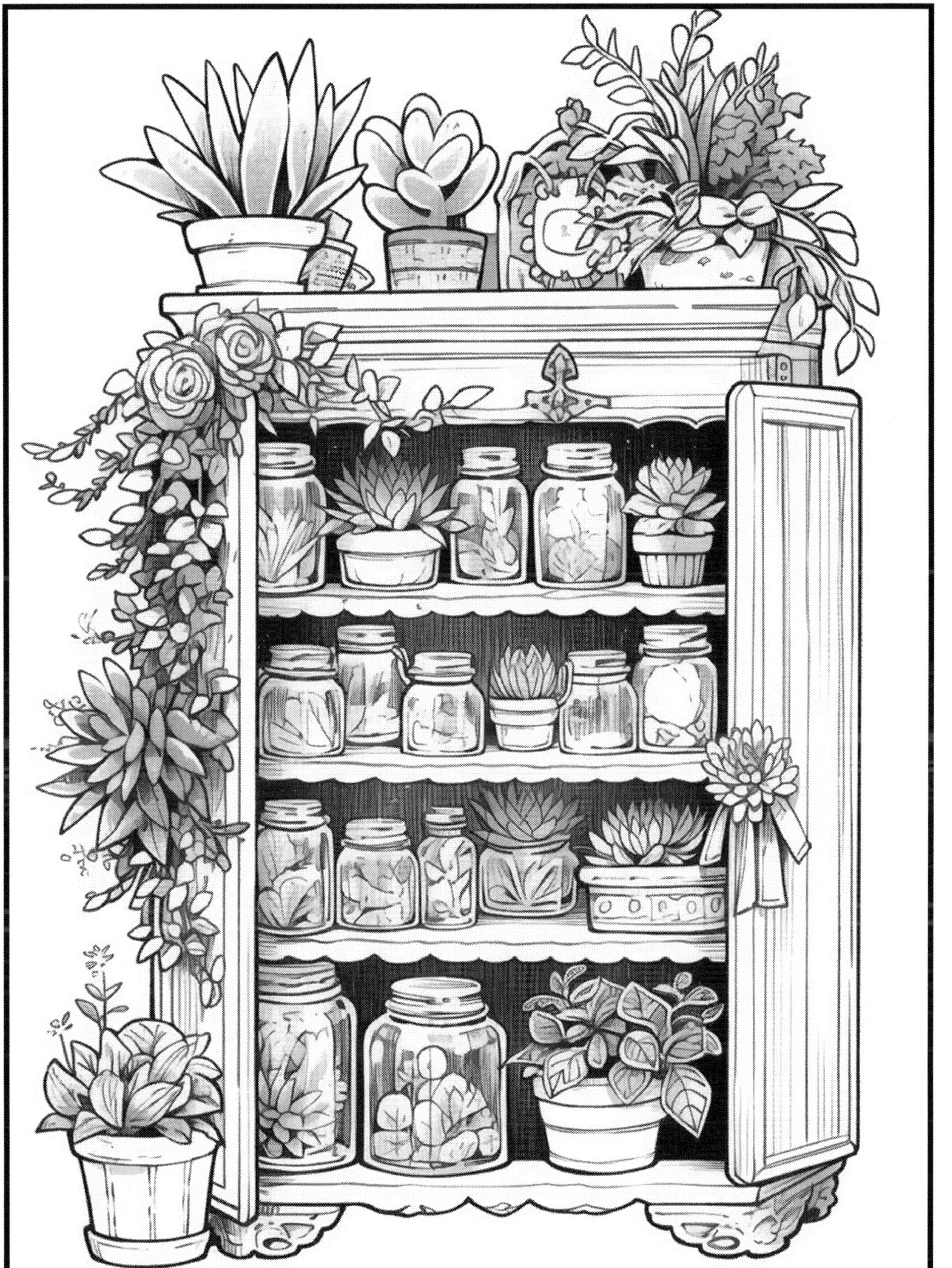

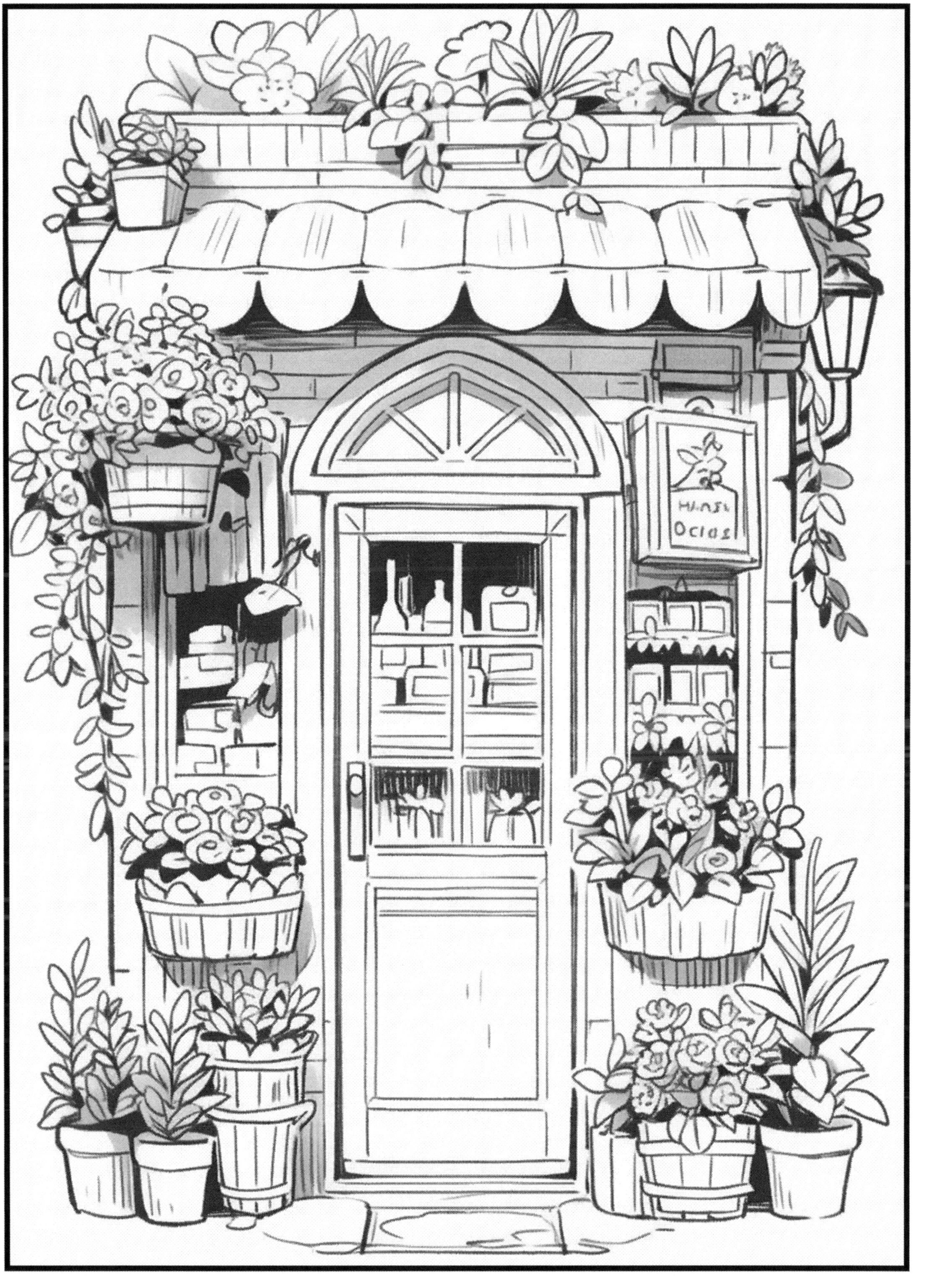

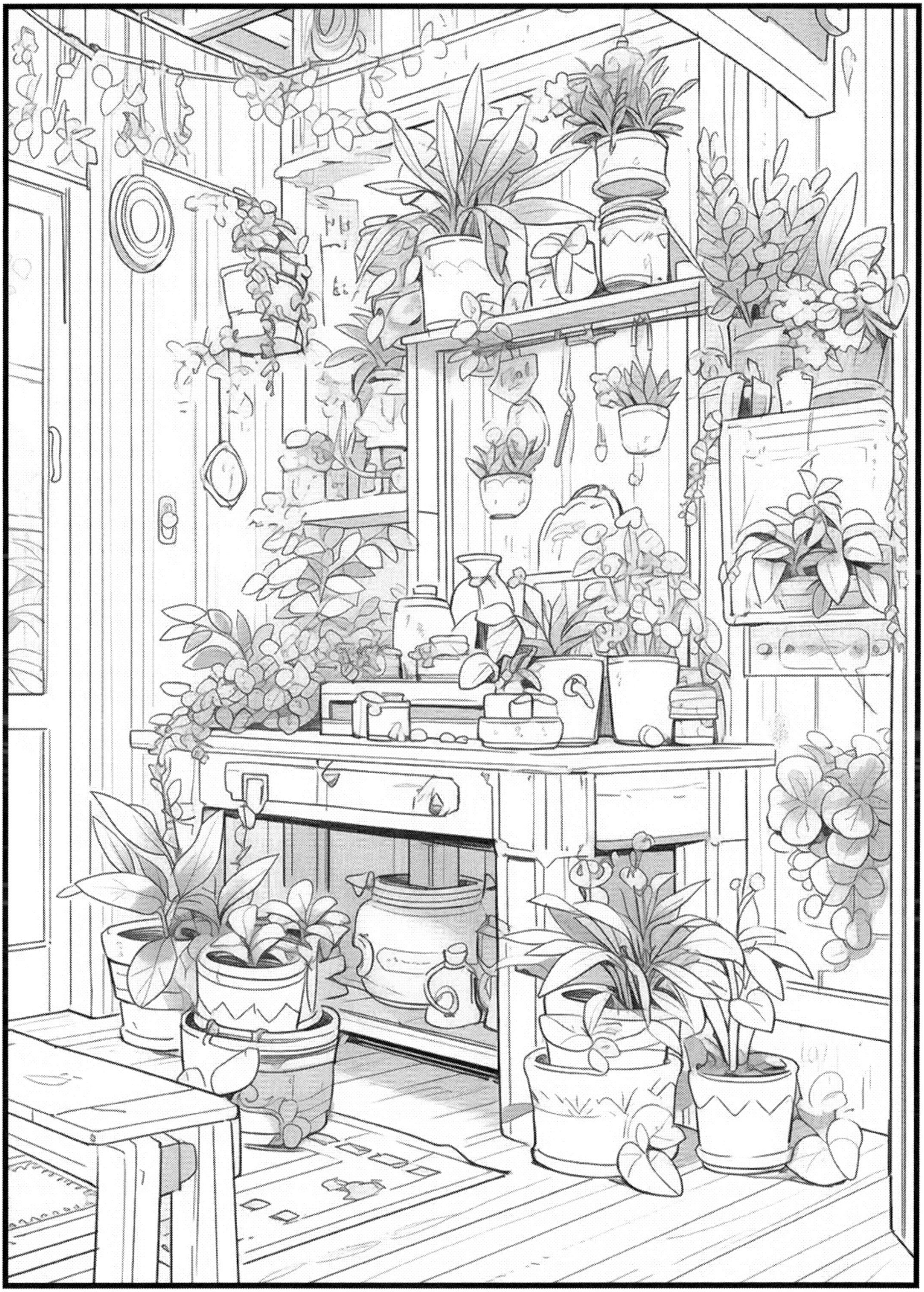

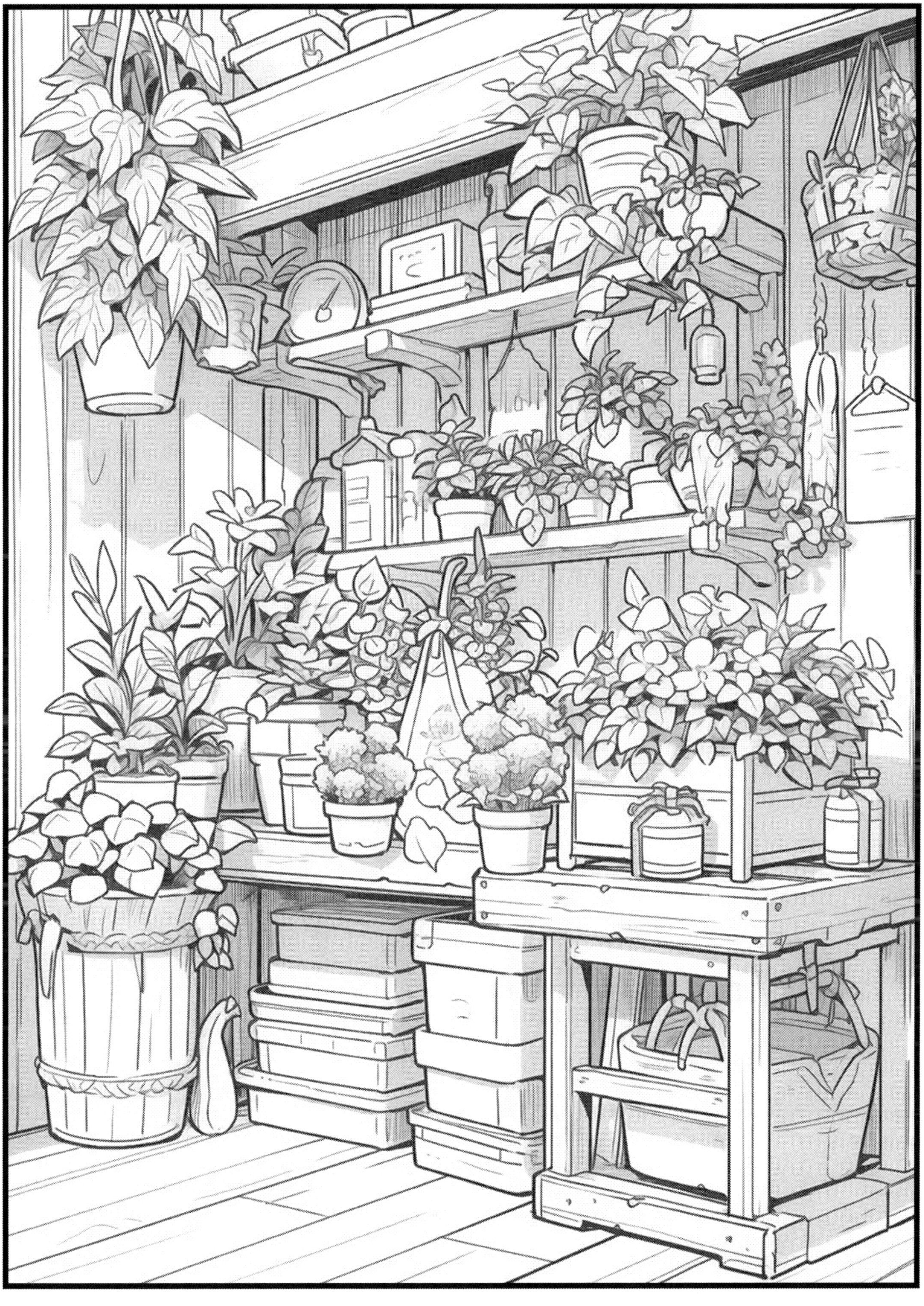

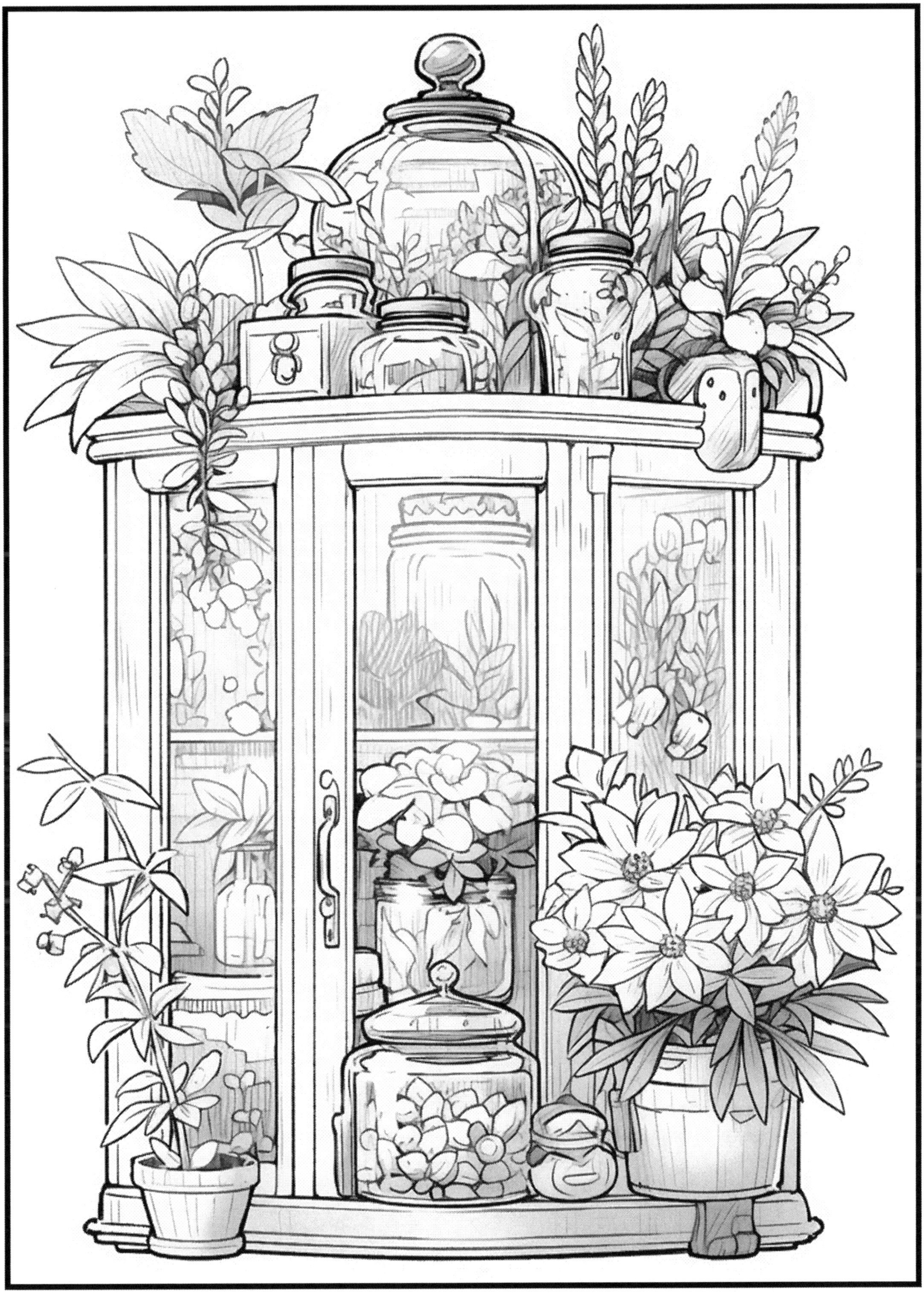

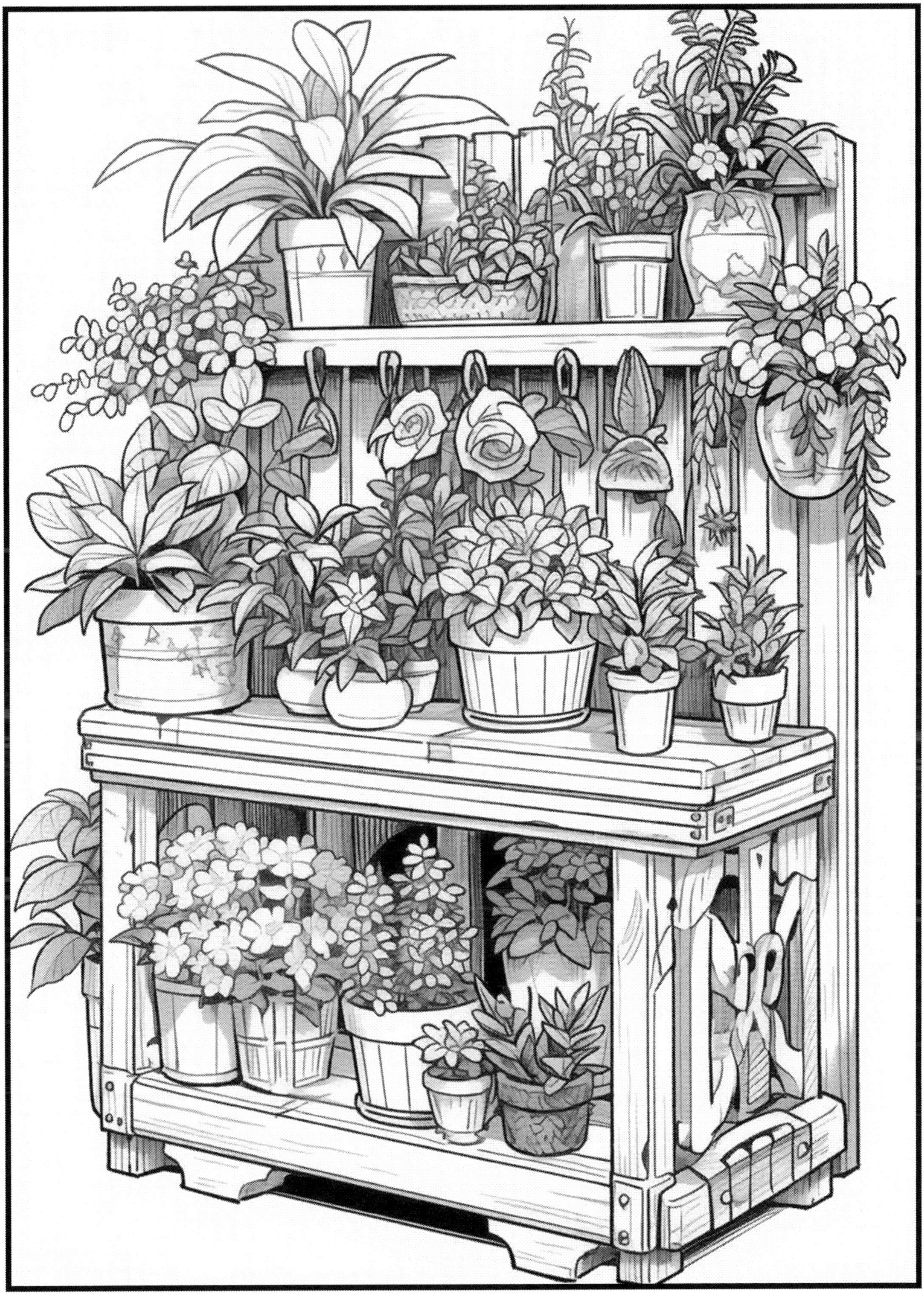

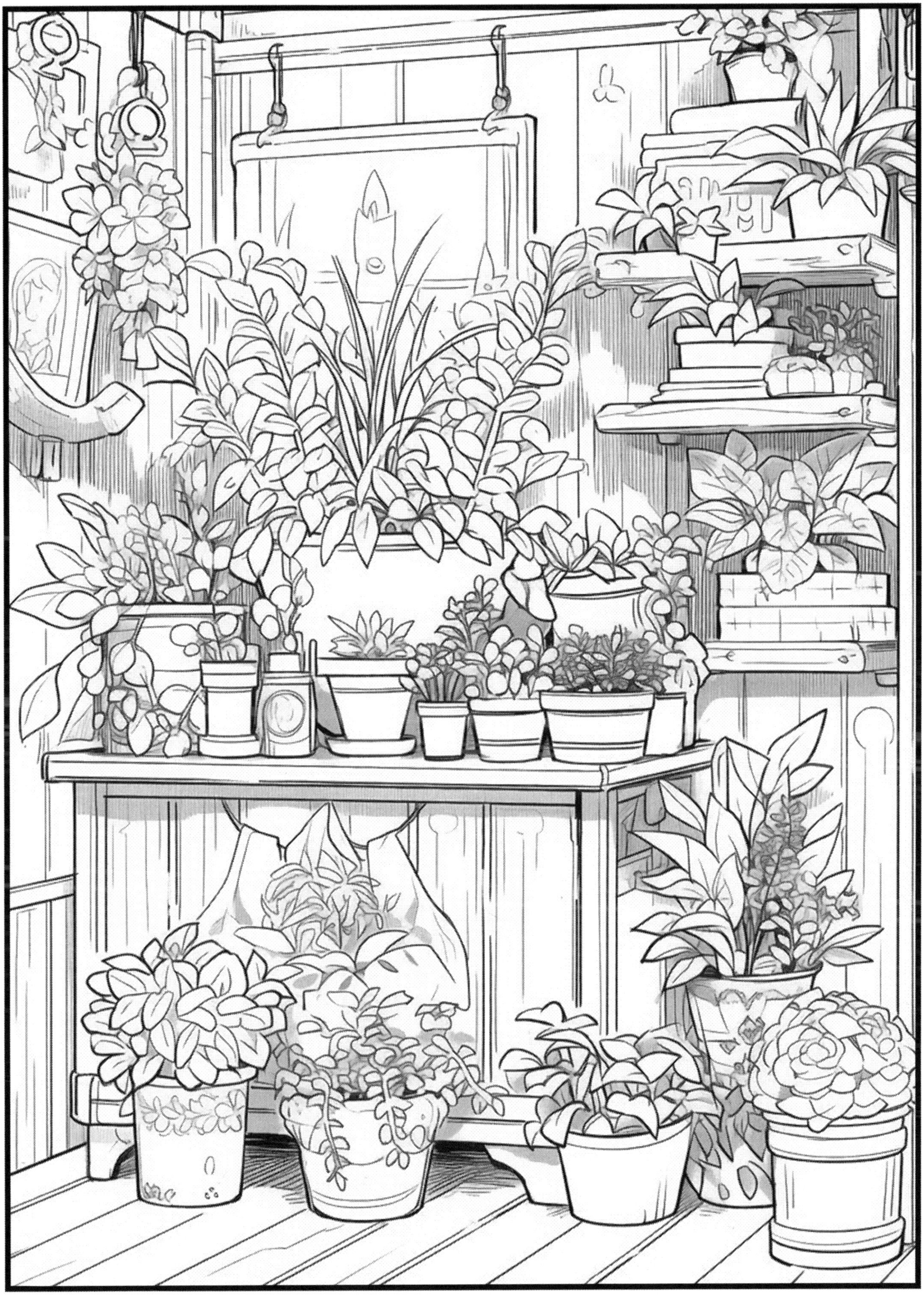

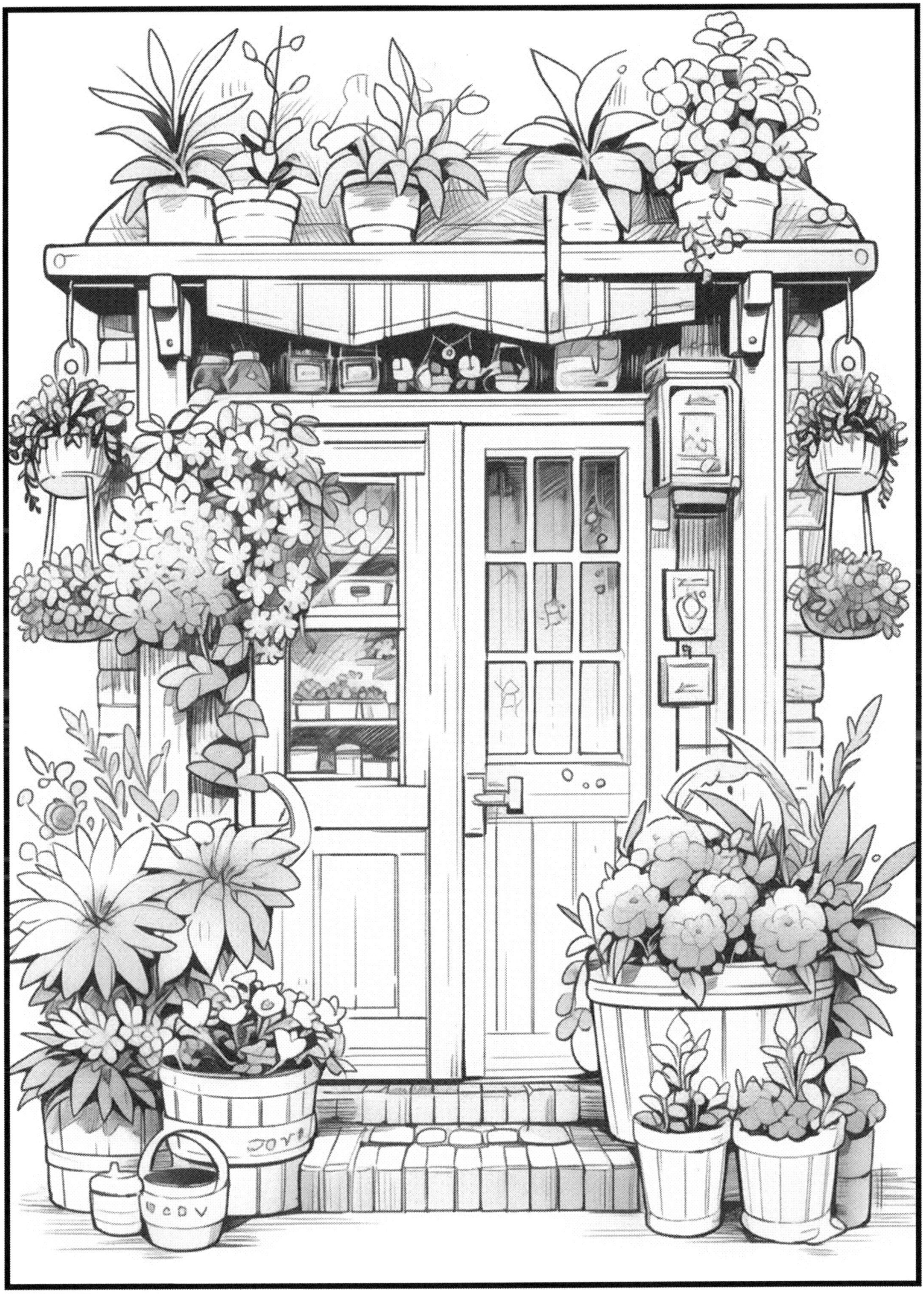

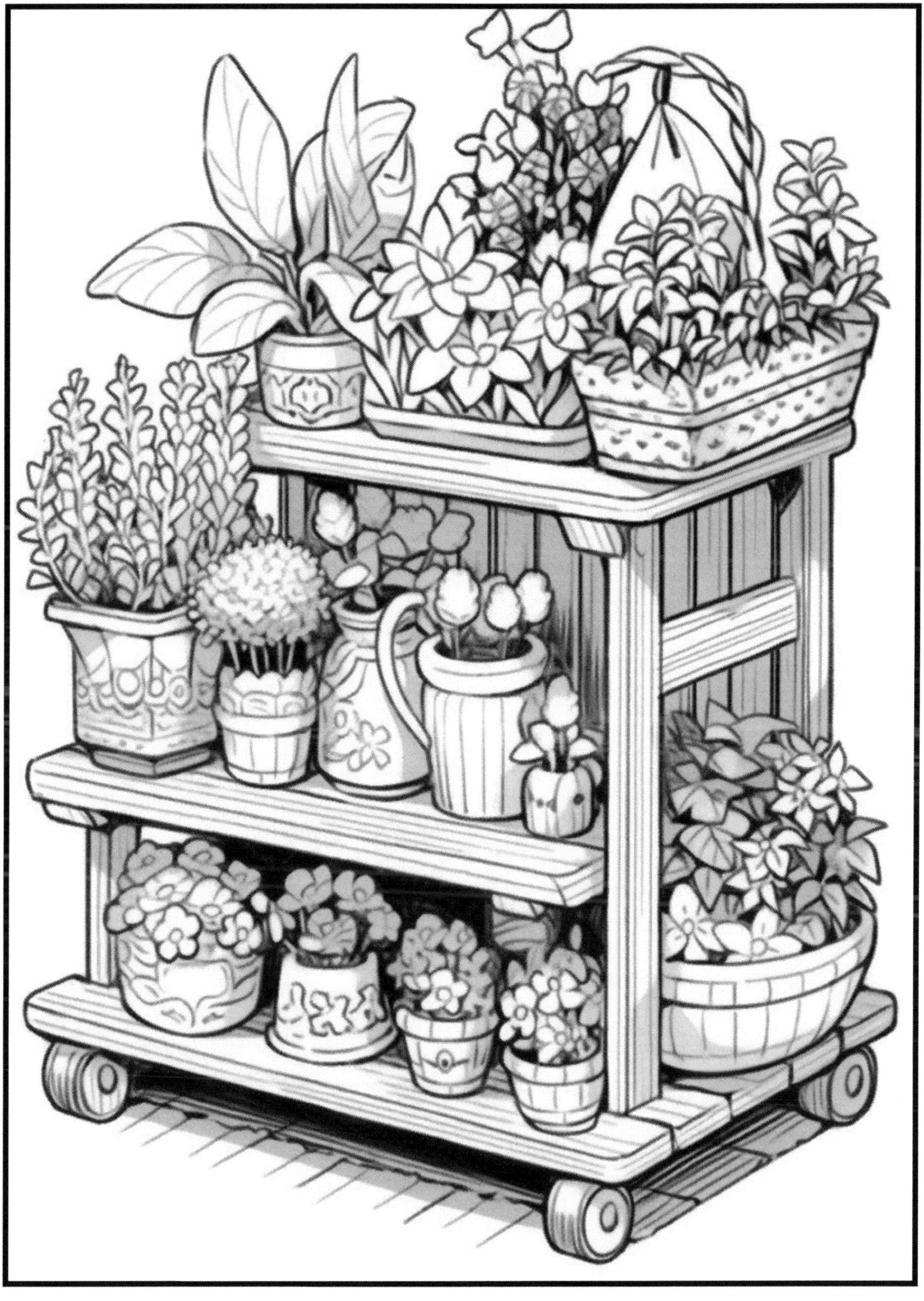

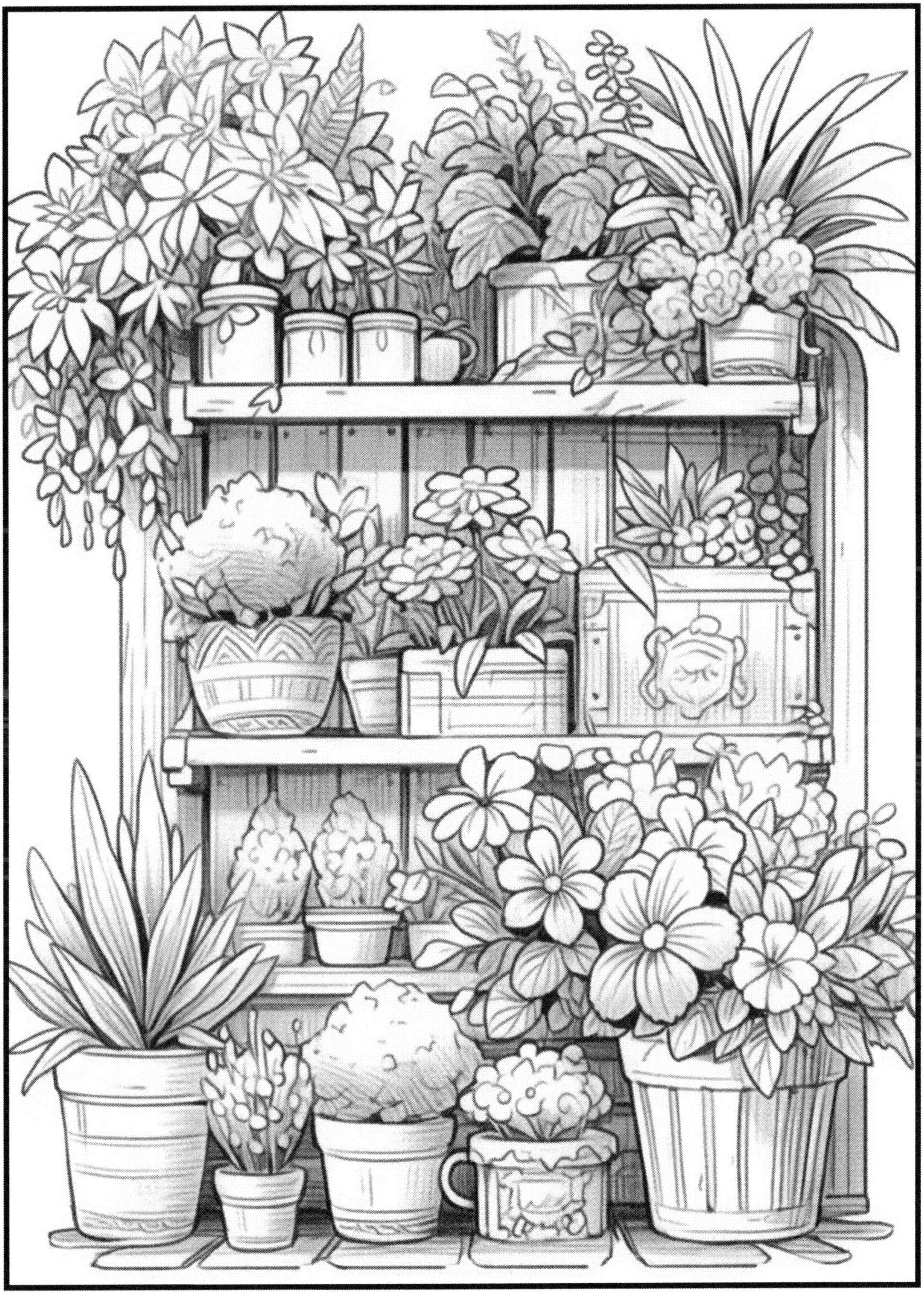

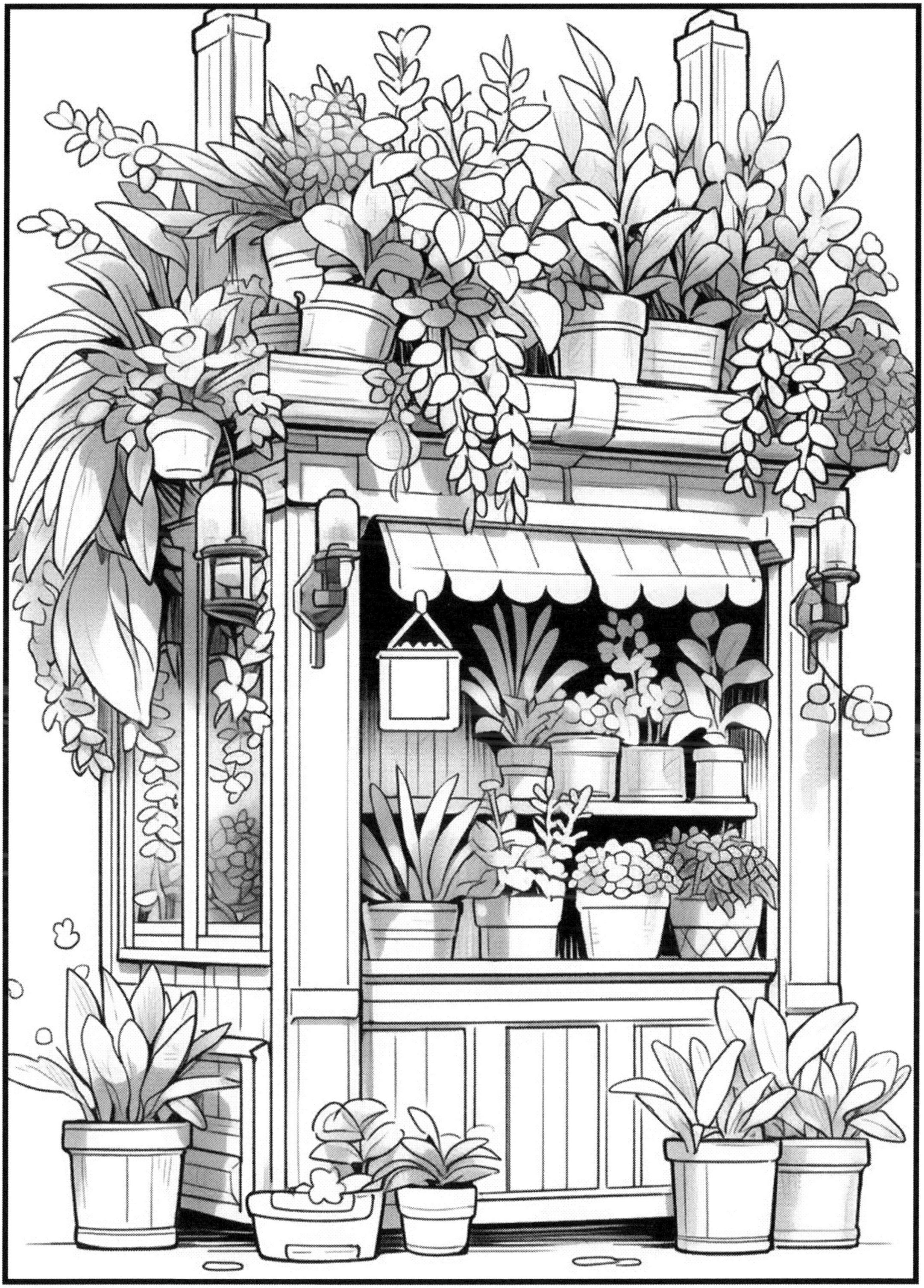

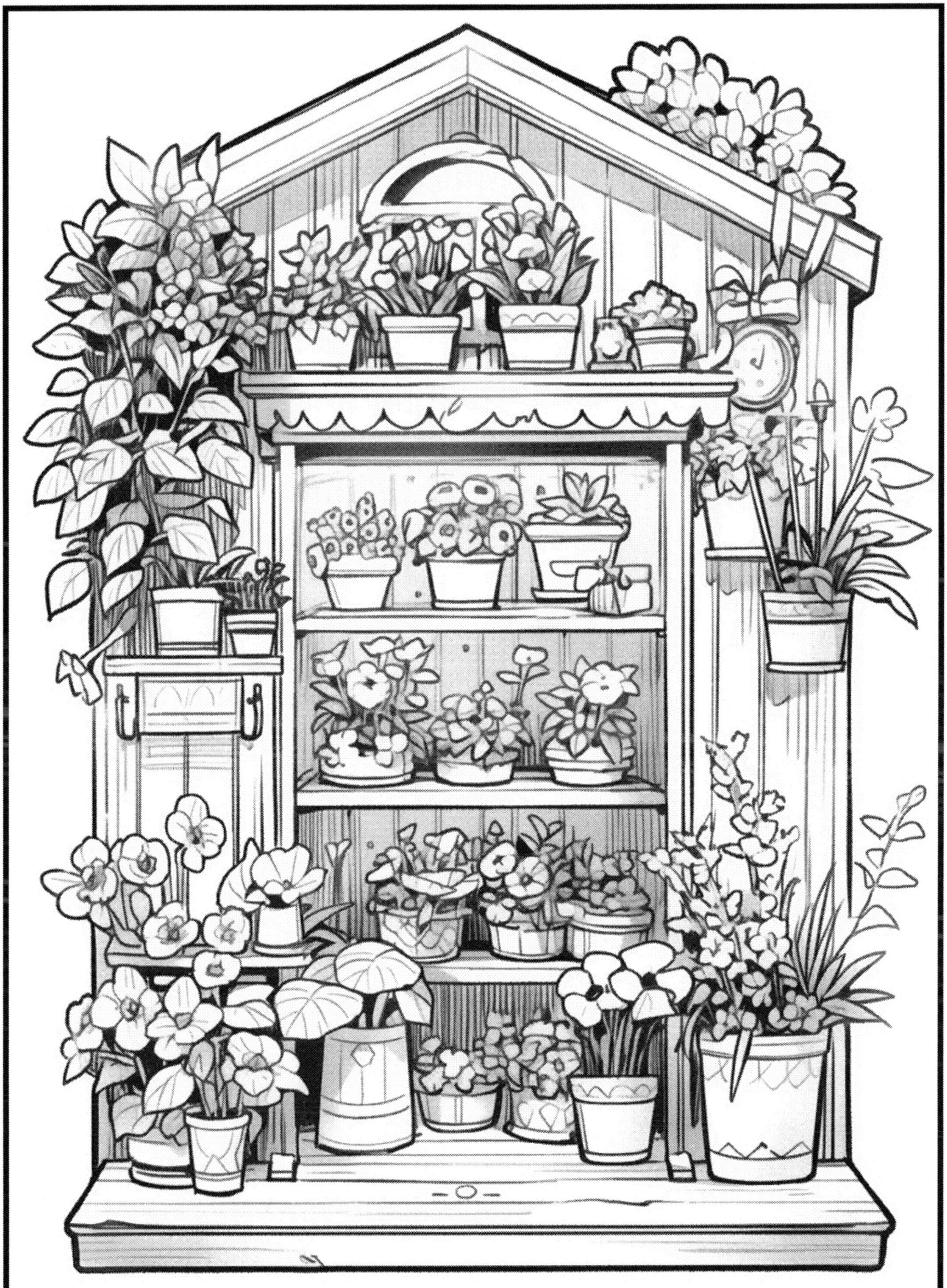

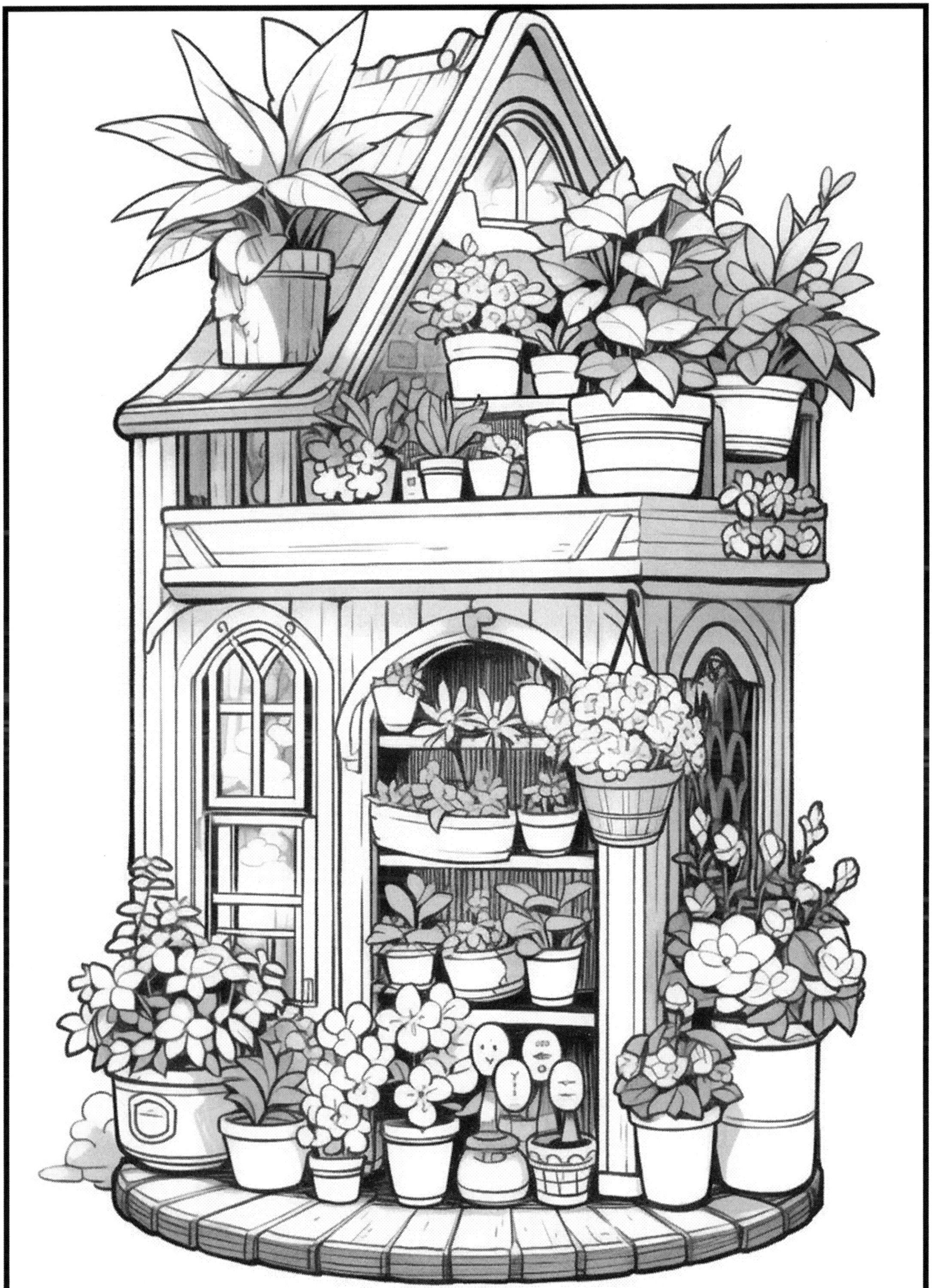

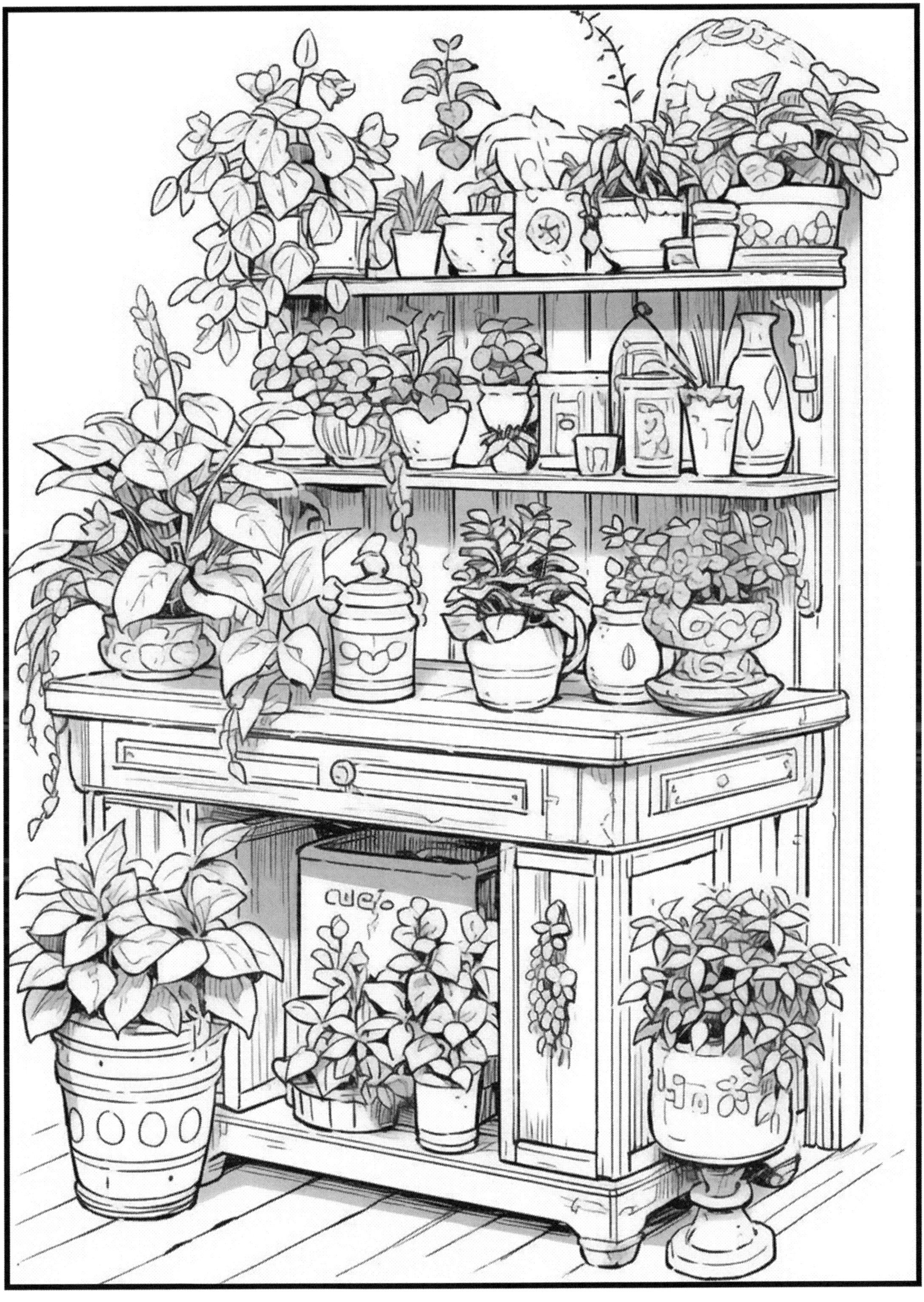

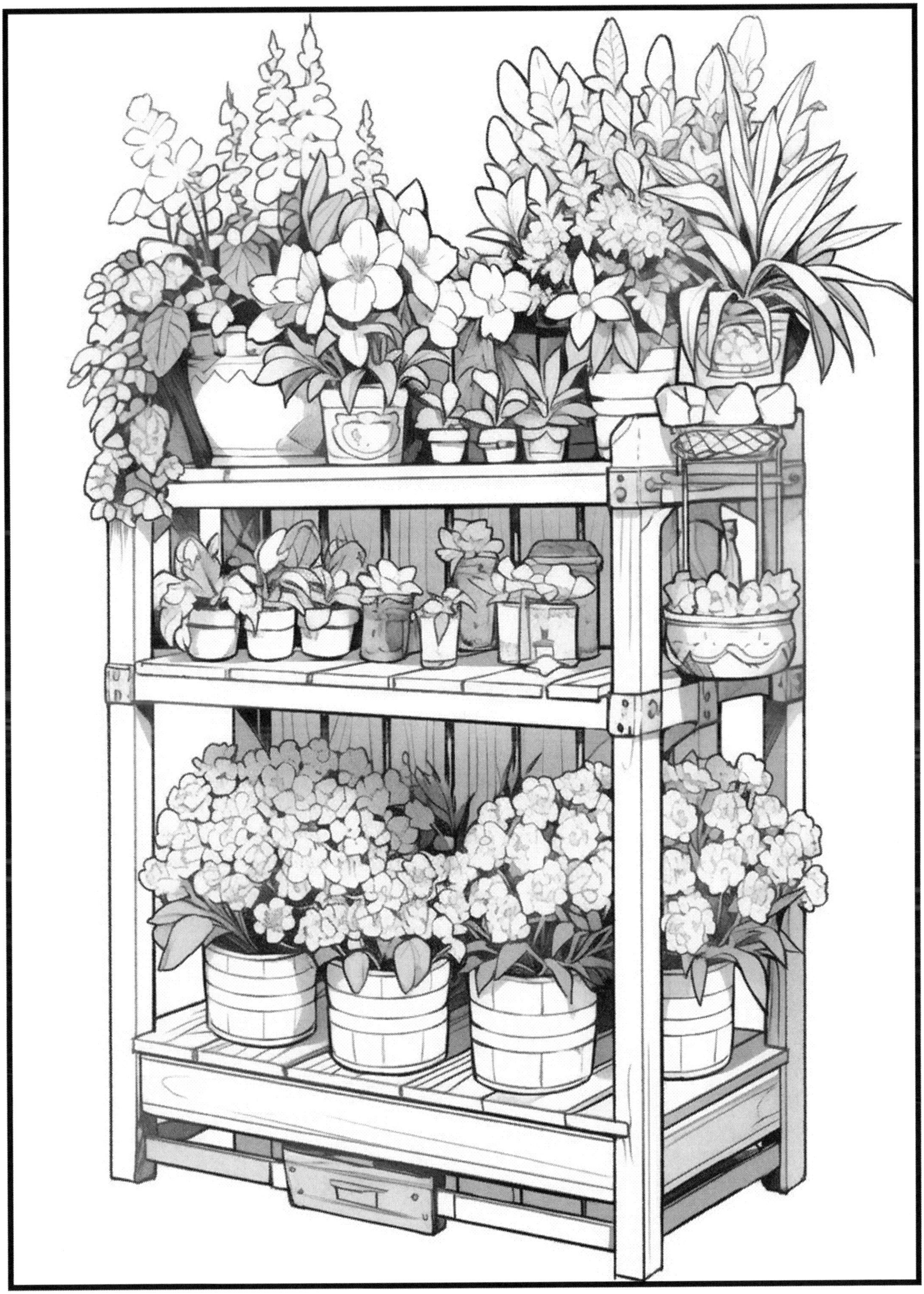

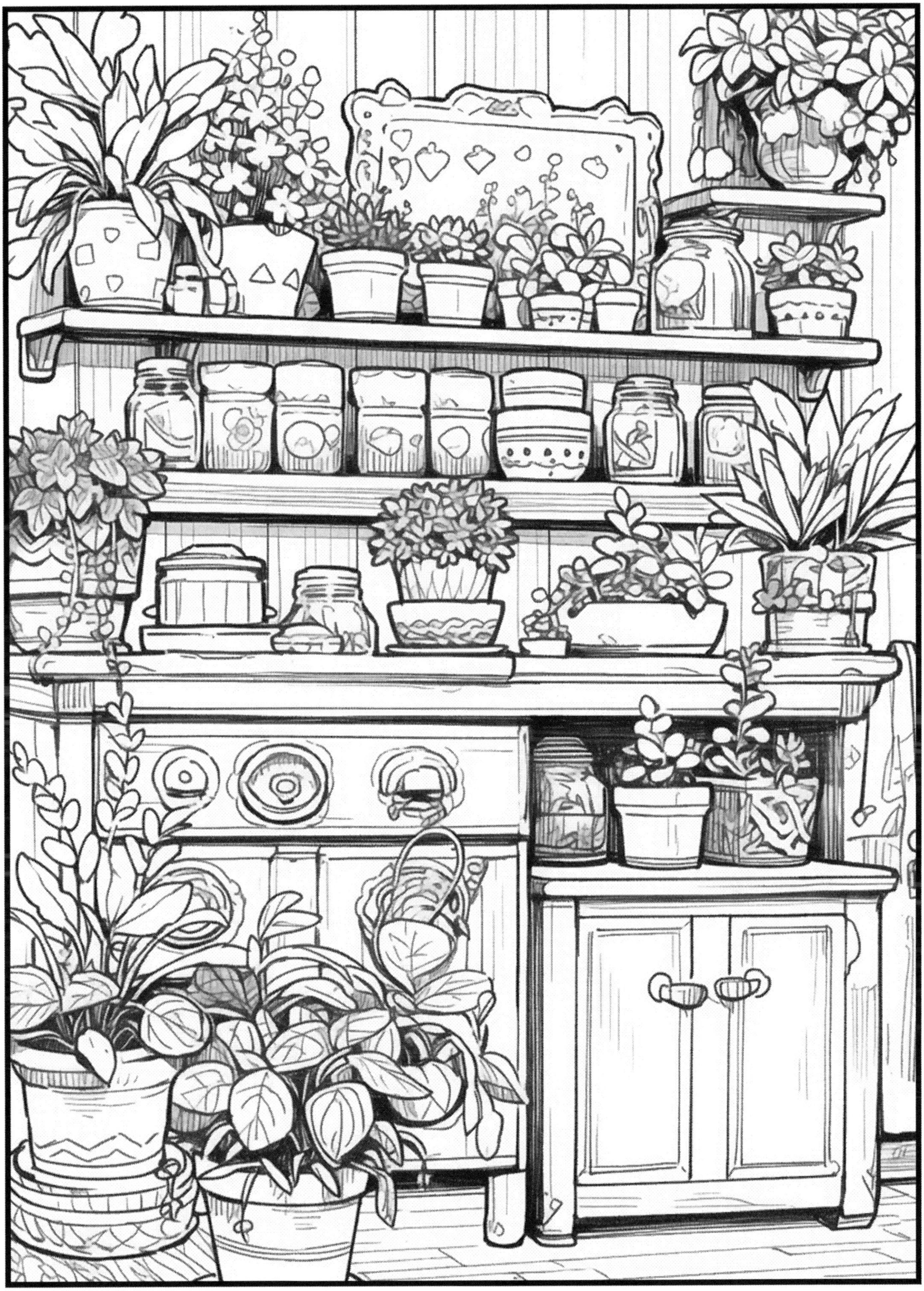

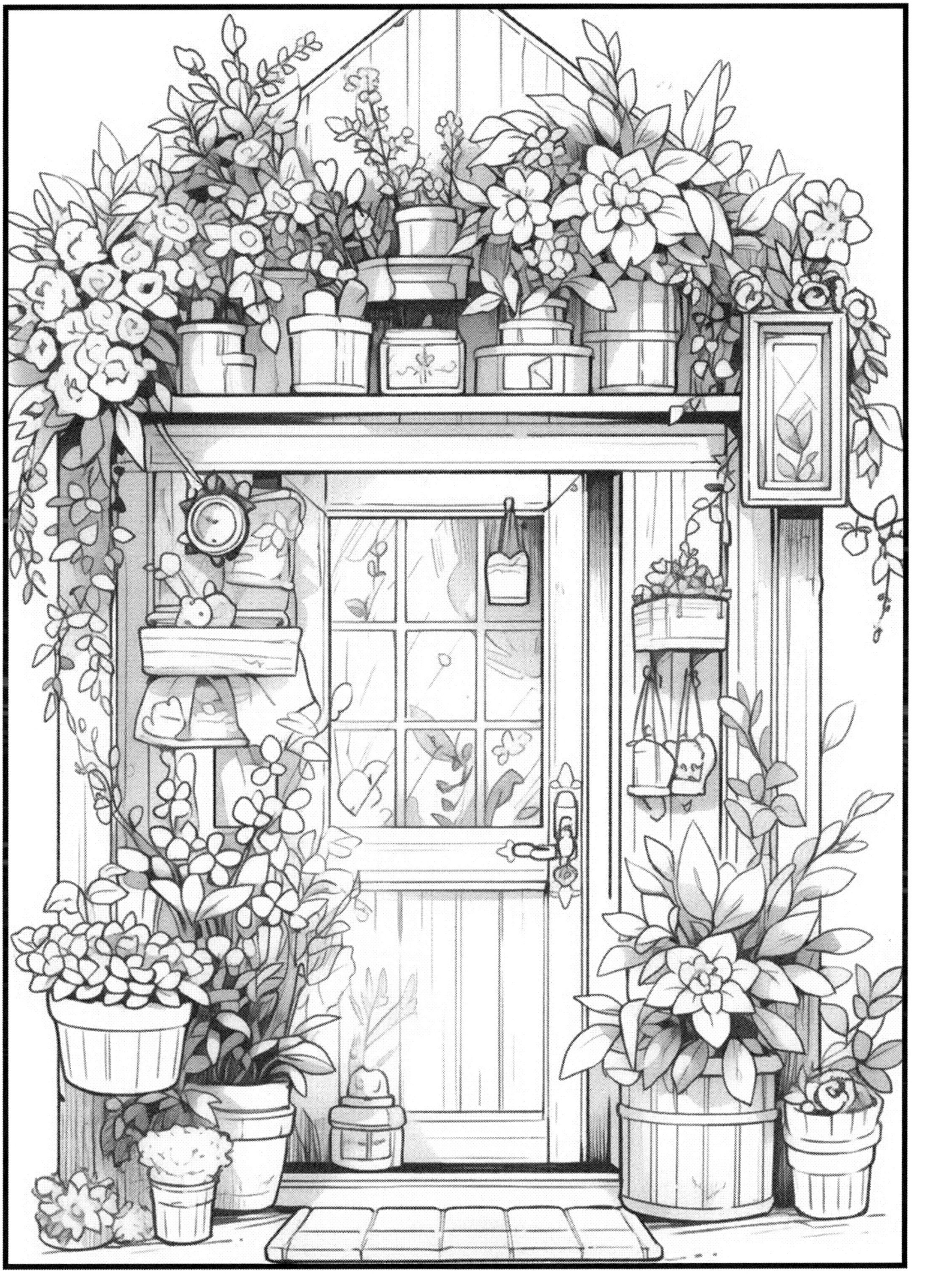

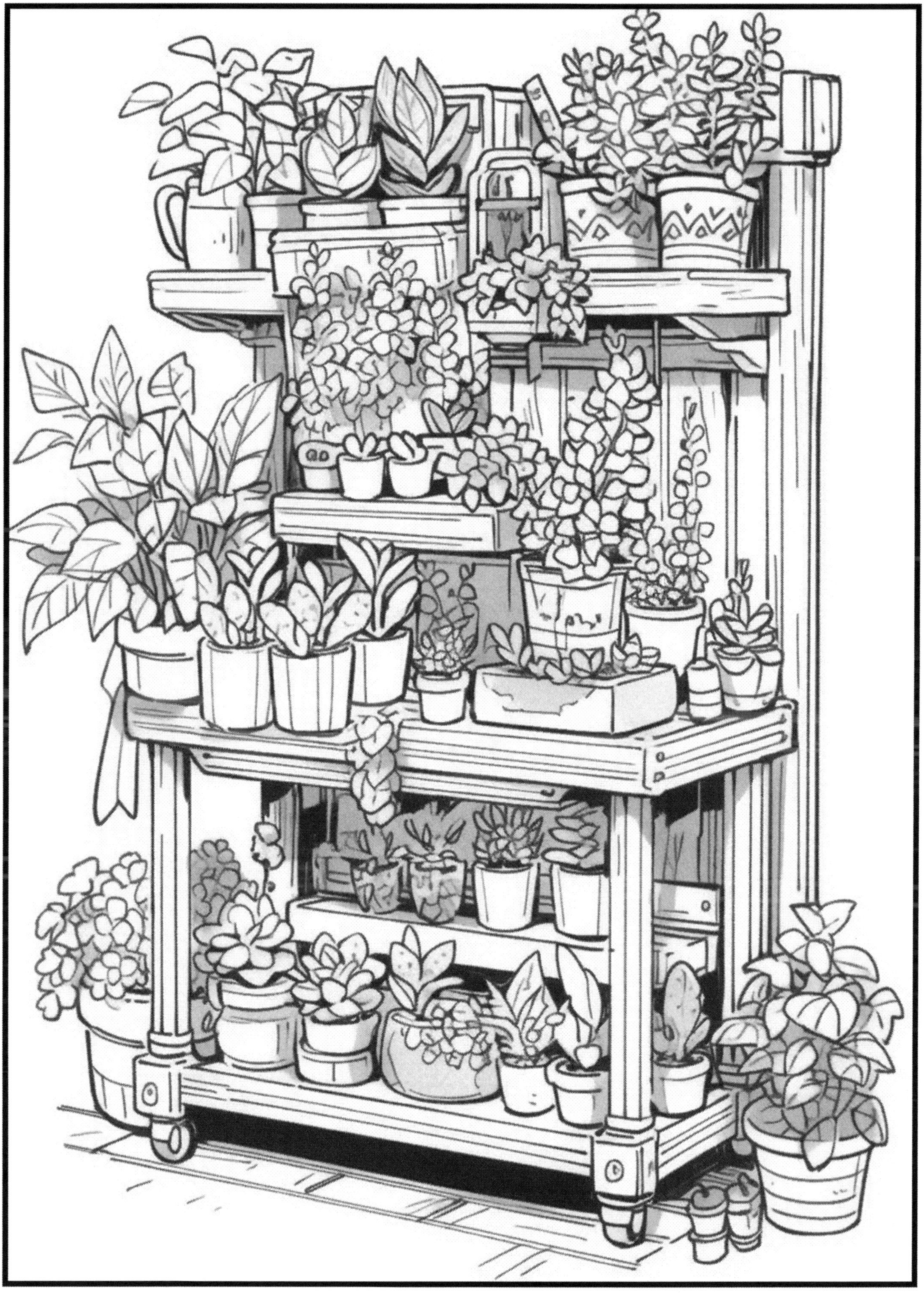

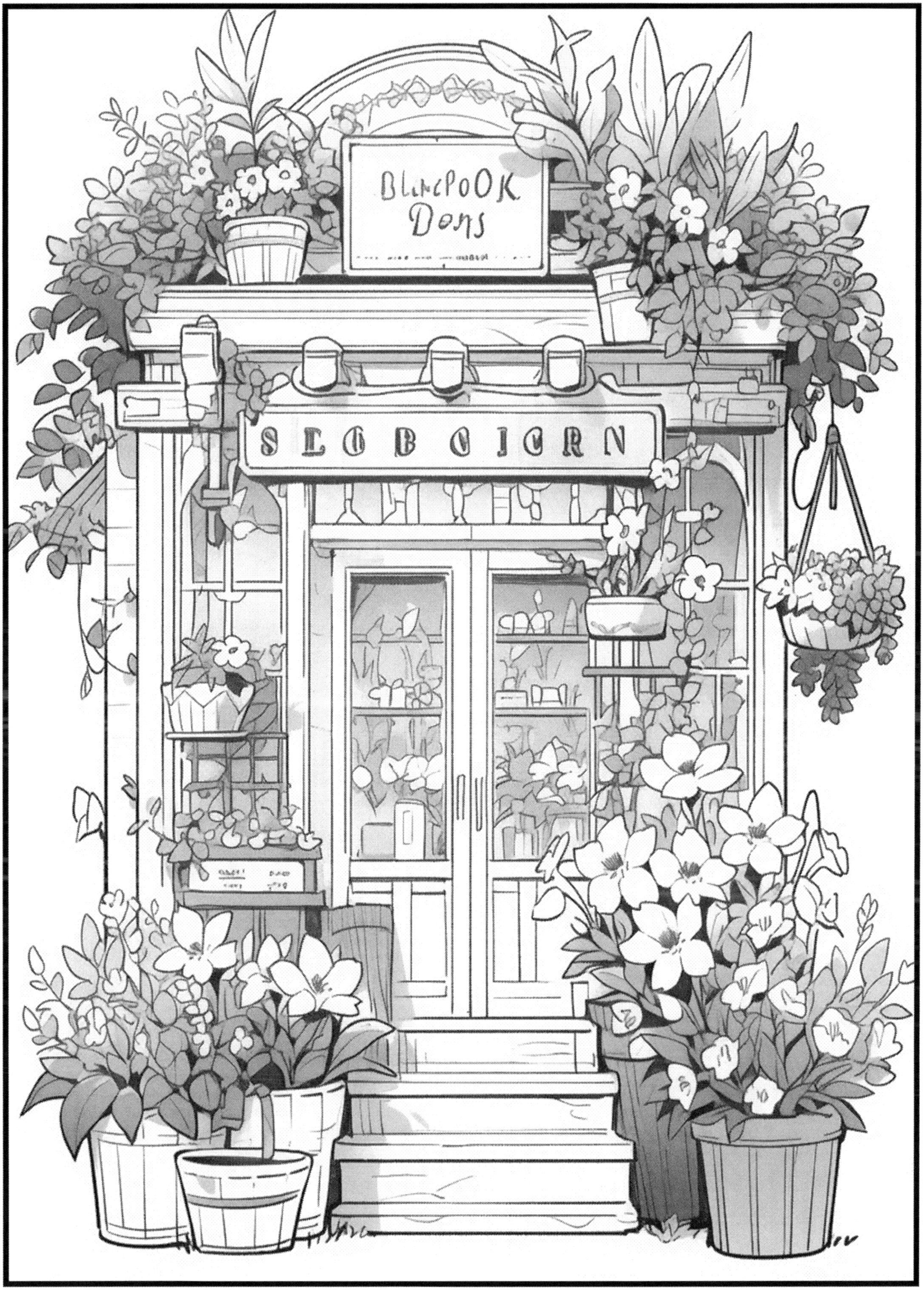
SLGB OICRN

Made in the USA
Monee, IL
22 October 2024

68503154R00057